名句中国丛书·拾

社会生活

吴礼权 编著

暨南大學出版社
JINAN UNIVERSITY PRESS
中国·广州

图书在版编目（CIP）数据

社会生活／吴礼权编著．—广州：暨南大学出版社，2014.7
（名句中国丛书）
ISBN 978-7-5668-0682-6

Ⅰ.①社…　Ⅱ.①吴…　Ⅲ.①名句—汇编—中国　Ⅳ.①H136.3

中国版本图书馆CIP数据核字（2013）第178153号

出版发行：暨南大学出版社

地　址：中国广州暨南大学
电　话：总编室（8620）85221601
营销部（8620）85225284　85228291　85228292（邮购）
传　真：（8620）85221583（办公室）　85223774（营销部）
邮　编：510630
网　址：http：//www.jnupress.com　http：//press.jnu.edu.cn

排　版：广州良弓广告有限公司
印　刷：佛山市浩文彩色印刷有限公司

开　本：890mm×1240mm　1/32
印　张：7.125
字　数：166千
版　次：2014年7月第1版
印　次：2014年7月第1次

定　价：16.80元

前　言

吟安一个字，捻断数茎须。（唐·卢延让《苦吟》）

二句三年得，一吟双泪流。（唐·贾岛《题诗后》）

名句，特别是那些历久不衰、传诵不绝的经典名句，既是作者千锤百炼的思想成果，更是中华民族悠久文化的精华之浓缩，很是值得我们仔细玩味。因为我们可以从中汲取有益的精神营养，增加人生智慧，得到为人处世的人生启发，获取精神心灵的慰藉，由此开创我们健康、快乐、积极、向上的美好人生。

工欲善其事，必先利其器。（先秦《论语·卫灵公》）

道虽迩，不行不至；事虽小，不为不成。（先秦《荀子·修身》）

生于忧患，而死于安乐也。（先秦《孟子·告子下》）

大行不顾细谨，大礼不辞小让。（汉·司马迁《史记·项羽本纪》）

临渊羡鱼，不如退而结网。（汉·班固《汉书·董仲舒传》）

成大功者不小苛。（汉·刘向《说苑·政理》）

读一读这些充满哲理睿智的先贤名言，对我们今天如何为人处世，相信会启发多多、获益无穷的。

中国自古便有一句老话：“人生不如意事常八九。”现实生活并不是诗词歌赋，更不会事事都充满诗情画意。因此，在现实生活中遭遇种种的人生挫折，那是“司空见惯浑闲事”。假如在人生的道路上遇到挫折，我们是否就此一蹶不振、意志消沉下去呢？

天行健，君子以自强不息。（先秦《周易·乾》）

长风破浪会有时，直挂云帆济沧海。（唐·李白《行路难》）

天生我材必有用，千金散尽还复来。（唐·李白《将进酒》）

读一读先贤的这些经典名言，相信我们定能由此振作起来，重新燃起希望之火，顿起奋发进取之志。

有奋发进取的国民，才会有奋发进取的民族。中华民族之所以生生不息，中华文化之所以源远流长，正是因为我们自古以来就不乏仁人志士。

如欲平治天下，当今之世，舍我其谁也？（先秦《孟子·公孙丑下》）

老骥伏枥，志在千里；烈士暮年，壮心不已。（汉·曹操《步出夏门行·龟虽寿》）

心懔懔以怀霜，志眇眇而临云。（晋·陆机《文赋》）

会当凌绝顶，一览众山小。（唐·杜甫《望岳》）

丈夫贵兼济，岂独善一身。（唐·白居易《新制布裘》）

为天地立心，为生民立命，为往圣继绝学，为万世开太平。（宋·张载《近思录拾遗》）

读一读这些气壮山河、豪迈超逸的传世名言，相信我们每一个人都会由此洞悉中华民族之所以伟大、中华文化之所以渊博的内在原因。

一个民族之所以成为一个民族，那是因为有一种民族精神。中华民族之所以成为中华民族，中华民族之所以在历经无数苦难之后仍然屹立不倒，并不断自强崛起，那是因为中华民族自古以来就有无数以国家天下为己任、舍身报国、爱国忘家的优秀儿女。

路漫漫其修远兮，吾将上下而求索。（先秦·屈原《楚辞·离骚》）

匈奴未灭，何以家为也！（汉·司马迁《史记·卫将军骠骑列传》）

捐躯赴国难，视死忽如归。（三国魏·曹植《白马篇》）

鞠躬尽瘁，死而后已。（三国蜀·诸葛亮《后出师表》）

风尘三尺剑，社稷一戎衣。（唐·杜甫《重经昭陵》）

黄沙百战穿金甲，不破楼兰终不还。（唐·王昌龄《从军行七首》）

先天下之忧而忧，后天下之乐而乐。（宋·范仲淹《岳阳楼记》）

位卑未敢忘忧国。（宋·陆游《病起书怀》）

人生自古谁无死，留取丹心照汗青。（宋·文天祥《过零

丁洋》）

风声、雨声、读书声，声声入耳；家事、国事、天下事，事事关心。（明·顾宪成为无锡东林书院所题联语）

苟利国家生死以，岂因祸福避趋之。（清·林则徐《赴戍登程口占示家人》）

天下兴亡，匹夫有责。（清·顾炎武《日知录·正始》）

读一读上面这些掷地有声的报国誓言、爱国心声，我们不难窥见中华民族之所以能够绵历数千年而生生不息、历久弥新的原因所在。

有爱国之心、报国之志，固然难得；而有治国安邦之才、济世爱民之情，则更为难得。中华民族之所以生生不息，并不断从苦难中站起来，那是因为我们历来不乏治国之能臣、安民之才俊。

居安思危，思则有备，有备无患。（先秦《左传·襄公十一年》）

为之于未有，治之于未乱。（先秦《老子》第六十四章）

仓廪实则知礼节，衣食足则知荣辱。（先秦《管子·牧民》）

政之所兴，在顺民心；政之所废，在逆民心。（先秦《管子·牧民》）

国虽大，好战必亡；天下虽安，忘战必危。（先秦《司马法·仁本》）

家有常业，虽饥不饿；国有常法，虽危不亡。（先秦《韩非子·饰邪》）

公正无私，一言而万民齐。（汉·刘安《淮南子·修务训》）

世不患无法，而患无必行之法。（汉·桓宽《盐铁论·申韩》）

民之所好，好之；民之所恶，恶之。（汉·戴圣《礼记·大学》）

求贤如饥渴，受谏而不厌。（晋·陈寿《三国志·吴书·张纮传》）

服民以道德，渐民以教化。（宋·欧阳修《三皇设言民不违论》）

兼听则明，偏信则暗。（宋·司马光《资治通鉴》载唐太宗语）

为政之要，曰公曰清。（宋·林逋《省心录》）

听一听这些先贤治国安邦的心得，分享他们济世安民的成功经验，今天身为人民公仆的干部一定能从中学习、领悟到不少东西；于其执政能力、行政能力的提高，也会助益多多。

治国安邦之才，经世致用之能，并不是先天所生就，而是要通过后天的学习教育。而今，世界已经进入“知识经济”时代，不接受教育、不读书或者说不会读书，都会被时代淘汰。

学而不思则罔，思而不学则殆。（先秦《论语·为政》）

玉不琢不成器，人不学不知道。（汉·戴圣《礼记·学记》）

学，然后知不足；教，然后知困。（汉·戴圣《礼记·

学记》)

少则习之学，长则材诸位。(汉·班固《汉书·董仲舒传》)

业精于勤荒于嬉，行成于思毁于随。(唐·韩愈《进学解》)

纸上得来终觉浅，绝知此事要躬行。(宋·陆游《冬夜读书示子聿》)

循序而渐进，熟读而精思。(宋·朱熹《读书之要》)

对于“为何学习”、“如何学习”，先哲前贤都提出了精辟的见解。读了上述教诲，相信今天的我们定能“心有戚戚焉”，对学习的意义与学习的方法的认识也会更加深刻的。

其实，先贤留下的名言名句，不仅极大地丰富了我们中华文化，对中国人的思想发展、人生观的确立等有着重要的影响，同时也对中国人心灵的陶冶与精神的慰藉为功不小。

余霞散成绮，澄江静如练。(南朝齐·谢朓《晚登三山还望京邑》)

白日地中出，黄河天外来。(唐·张蠙《登单于台》)

大漠沙如雪，燕山月似钩。(唐·李贺《马诗二十三首》)

大漠孤烟直，长河落日圆。(唐·王维《使至塞上》)

千里莺啼绿映红，水村山郭酒旗风。(唐·杜牧《江南春》)

日出江花红胜火，春来江水绿如蓝。(唐·白居易《忆江南》)

江流天地外，山色有无中。(唐·王维《汉江临眺》)

三山半落青天外，一水中分白鹭洲。（唐·李白《登金陵凤凰台》）

楚塞三湘接，荆门九派通。（唐·王维《汉江临眺》）

疏影横斜水清浅，暗香浮动月黄昏。（宋·林逋《山园小梅》）

烟柳画桥，风帘翠幕，参差十万人家。（宋·柳永《望海潮》）

读一读这些描写塞外、江南自然风光的诗句，相信我们都会油然而生对祖国大好河山的无限热爱之情。

白日依山尽，黄河入海流。（唐·王之涣《登鹳雀楼》）

横空过雨千峰出，大野新霜万叶枯。（唐·耿湋《九日》）

远山芳草外，流水落花中。（唐·司空曙《题鲜于秋林园》）

明月松间照，清泉石上流。（唐·王维《山居秋暝》）

柳色黄金嫩，梨花白雪香。（唐·李白《宫中行乐词八首》）

星垂平野阔，月涌大江流。（唐·杜甫《旅夜书怀》）

春色满园关不住，一枝红杏出墙来。（宋·叶绍翁《游园不值》）

风吹梅蕊闹，雨细杏花香。（宋·晏几道《临江仙》）

蕉叶半黄荷叶碧，两家秋雨一家声。（宋·杨万里《芭蕉雨》）

浮天水送无穷树，带雨云埋一半山。（宋·辛弃疾《鹧鸪天》）

一年湖上春如梦，二月江南水似天。（元·迺贤《次段吉甫助教春日怀江南韵》）

水流曲曲树重重，树里春山一两峰。（清·郑燮《潍县竹枝词》）

读一读这些描写山水花木的诗句，相信我们都会顿生“清风明月本无价，近水远山皆有情”的情感共鸣，在观照自然万物中得到心灵的净化。

目送归鸿，手挥五弦。俯仰自得，游心太玄。（三国魏·嵇康《赠兄秀才从军十八首》）

石栏斜点笔，桐叶坐题诗。（唐·杜甫《重游何氏五首》）

松风吹解带，山月照弹琴。（唐·王维《酬张少府》）

独立小桥风满袖，平林新月人归后。（南唐·冯延巳《鹊踏枝》）

欲归还小立，为爱夕阳红。（宋·陆游《东村》）

东篱把酒黄昏后，有暗香盈袖。（宋·李清照《醉花阴》）

题诗石壁上，把酒长松间。（元·倪瓒《对酒》）

闲窗听雨摊书卷，独树看云上啸台。（清·吴伟业《梅村》）

读一读这些诗句，相信我们会尘虑顿消。而对照于古人的生活情趣与潇洒的人生态度，相信今日忙忙碌碌的我们都会惭愧不已，不得不对自己的人生态度进行深刻的反省。

这套名曰“名句中国”的小丛书，虽本意在于通过对一万余条中国古代经典名句意蕴的剖析，为人们的读写实践指点迷津，并提供“引经据典”的参考方便；但在名句意蕴解构的过程中，读者也许可以由此及彼而对博大精深的中国传统文化有个“管中窥豹”的粗略印象。“一滴水能折射出太阳的光辉。”透过名句，我们虽然不敢说能由此窥见博大精深的中国文化的深度，但最起码会给大家留下一点“浮光掠影”式的印象。

吴礼权

2008 年 4 月 8 日记于复旦园

凡　例

一、本丛书共收中国历代经典名句一万余条。入选的各名句，一般都是编者通过现代科技手段与互联网技术，在认真调查了其引用频率的基础上精选出来的。

二、本丛书所收名句依据特定的标准，共分为十二大类。每一大类又细分为若干小类。每一小类所收辞目，根据实际情况和“宁缺毋滥”的原则而多少不等。

三、辞目的编排，每一小类内的辞目编排顺序依据每一个辞目（即每一个名句）的第一个字的汉语拼音顺序依次编排。相同字头的辞目都集中于一起，排于其特定的音序位置上。第一个字与第二个字都相同的辞目，也依上述原则集中于一起，排于其特定的音序位置上。

四、每个辞目的编写体例是：首先列辞目（即名句），其次是“注释”，最后是“译文”和“点评”（句义没有难解之处，则没有译文）。即“辞目—注释—译文/点评”。

五、辞目的长度，一般是一句或两句。少数辞目考虑其意义的整体性，可能是三句、四句或更多。

六、注释的文字，包括名句的出处、生僻字词注音、难解字词的词义解释、古代汉语特殊句法结构的语法说明等四个部分。名句出处的标注，包括时代、作者、书名或篇名。成书时代难以确定的，则付之阙如。秦代以前的作品，统一以“先秦”概括，不细分为夏、商、周、春秋、战国等。这是考虑到有些作品的成书只能确定其大致时间，而难以具体指明何年何代，如《诗经》、《周易》、《尚书》等。作者不能确定的，也付之阙如。如《论语》、《孟子》等，并非孔子、孟子自己所编定，而是由他们的弟子或后人编定的，就不便注明作者。还有些作品是大家非常熟悉的，书名本身就表明了作者，则也不注明作者，如《老子》、《庄子》等。如果所引名句是著作中的，则注明书名和篇名或章节名。生僻字的注音，以汉语拼音方案的拼写规则标注声、韵、调。

七、译文/点评的文字，根据不同情况有不同的表现形式。主要有：①句意难于理解的，先列出白话译文，或是进行句意串讲，然后再对其内容进行阐发。②句意易于理解的，则略去译文或句意串讲，直接进行内容的阐发、点评。③有些名句运用到特定修辞方式的，则明确予以指出，并说明其表达效果。④有些写景的名句，不便用编者自己的观点框定读者，就以概括句意的形式简洁点拨，以便读者作“仁者见仁，智者见智”的解读发挥。⑤有些名句的语意后世在使用中发生语义变化的，则予以说明。⑥有些名句可以引申运用的，则予以说明。

八、《文学艺术》卷注有本丛书的条目索引，索引按照汉语拼音的音序排列，读者可以方便迅速地查阅到相关条目。

目　录

人性天伦

阿婆不嫁女，那得孙儿抱。

【注释】出自南朝梁·鼓角横吹曲《折杨柳歌辞》。那，即“哪”。

【译文/点评】此言男大当婚、女大当嫁的道理，强调的是结婚与子孙繁衍的关系。

哀哀父母，生我劬劳。

【注释】出自先秦《诗经·小雅·蓼莪》。哀哀，指哀伤的样子。劬（qú），劳苦、劳累。

【译文/点评】可怜父母老双亲，生我养我多艰辛。此是歌颂父母养育之恩的诗句，虽然质朴无华，却道出了天下子女的真实心声，因此几千年来一直最能打动人心。

爱之则不觉其过，恶之则不知其善。

【注释】出自南朝宋·范晔《后汉书·爰延传》。之，他。则，就。

【译文/点评】爱他就不会觉得他有什么过错，憎恶他就不会看到他有什么好处。此言带有感情色彩看人，就会出现判断上的偏差，甚至会颠倒黑白。

暗中时滴思亲泪，只恐思儿泪更多。

【注释】出自清·倪瑞璿《忆母》。亲，父母，此指母亲。

【译文/点评】此言人们爱自己的父母不及父母爱自己的子女，可谓道出了世间真实的人情。

把酒看花想诸弟，杜陵寒食草青青。

【注释】出自唐·韦应物《寒食寄京师诸弟》。把，持、握、拿。

【译文/点评】此写寒食节饮酒看花忆诸弟、由花及草思故园的深切之情。

不痴不聋，不堪作大家翁。

【注释】出自隋·杂歌谣辞《长孙平引鄙谚》。不堪，不能胜任。家（gū）翁，即姑翁，婆婆、公公。

【译文/点评】不装痴作聋，事事较真，是做不了公婆的。此言家务事最难断，对于家庭纠纷最好是予以冷处理，不予理会。这种方法，虽然用今天的话来说叫作“行政不作为”，但也不失是一种有效的处理家庭纠纷的办法。

步步寻往迹，有处特依依。

【注释】出自晋·陶渊明《还旧居》。依依，留恋的样子。

【译文/点评】此写诗人辞官回乡后寻访往昔行迹时恋恋不舍的怀旧之情。

恻隐之心，人皆有之；羞恶之心，人皆有之；恭敬之心，人皆有之；是非之心，人皆有之。

【注释】出自先秦《孟子·告子上》。恻隐之心，即同情心。之，代词。羞恶之心，羞耻心。

【译文/点评】同情心，是人人都有的；羞耻心，也是人人都有的；恭敬心，也是人人皆有的；是非心，也是人人皆有的。这是孟子著名的“性善”论。中国历史上著名的童蒙读物《三字经》，首句就是“人之初，性本善”，即源于此论。至于人性“本善”还是“本恶”，历史上本来就有两派不同的观点，大家自可见仁见智。

长恨人心不如水，等闲平地起波澜。

【注释】出自唐·刘禹锡《竹枝词九首》其七。等闲，无端。

【译文/点评】此以人心与水作比，说明人心的险恶远过于水中的波浪。因为水中起波浪，还得有风的助力；而一个人要陷害他人，则是不需要理由的。

常民溺于习俗，学者沉于所闻。

【注释】出自汉·刘向编《战国策·赵策二》。常民，一般老百姓。沉、溺，皆指沉溺、沉迷。

【译文/点评】一般老百姓习惯了传统习俗而不愿改变，研究学问的人只相信他们所听说的事而不愿正视现实。此言习惯势力的顽固与传统习俗的难以改变。

诚知此恨人人有，贫贱夫妻百事哀。

【注释】出自唐·元稹《遣悲怀三首》之二。诚知，虽然确实知道。此恨，指夫妻生离死别的遗憾。百事哀，指事事艰难。

【译文/点评】虽然明明知道夫妻生离死别是人人都有的共同遗憾，可是因为我们是贫贱夫妻，所以事事都过得非常艰难。此言意在凸显诗人没能在妻子生前给予她幸福的愧疚之情。“贫贱夫妻百事哀”一句，则成为后代感叹贫贱夫妻度日不易的经典名句。

城西门前滟滪堆，年年波浪不能摧。懊恼人心不如石，少时东去复西来。

【注释】出自唐·刘禹锡《竹枝词九首》其六。城，指四川奉节县城。滟滪堆，长江中的一块礁石，在四川奉节瞿塘峡口江中。少时，一会儿。复，又。

【译文/点评】此以滟滪堆江水波浪不可摧与人心善变相比，形象地说明了人性反复无常的特点，揭示了世情险恶、人心不古。

出门妻子强牵衣，问我西行几日归。

【注释】出自唐·李白《别内赴征三首》其二。妻子，指妻与子。

【译文/点评】此写征夫出征前妻子儿女不忍而强牵其衣、追问归程的情景，表现的是妻子儿女对征夫的依依不舍与关切之情。

初嫁从亲，再嫁由身。

【注释】出自明·施耐庵《水浒传》第二十五回。从，顺从。亲，父母。由，任由、听任。身，自己。

【译文/点评】此言真实地反映了中国古代的婚姻制度：女子初嫁一定要顺从父母之命、媒妁之言，再嫁才可以有按自己意愿选择丈夫的自由。

楚客莫言山势险，世人心更险于山。

【注释】出自唐·雍陶《峡中行》。

【译文/点评】此以山势之险与人心之险作比较，意在强调世上“唯有人心最险恶”之意。

垂老何时见弟兄，背灯愁泣到天明。不知短发能多少，一滴秋霖白一茎。

【注释】出自唐·韩偓《秋霖夜忆家》。秋霖，秋雨。

【译文/点评】此写秋雨之夜忆念兄弟的深切之情。“背灯愁泣到天明”、“一滴秋霖白一茎”，是说背灯哭了一夜、天上落一滴秋雨，自己头发就白一根，这不是写实，而是夸张修辞法的运用，意在强调突出自己秋夜思念兄弟的深切之情。

慈父之爱子，非为报也。

【注释】出自汉·刘安《淮南子·缪称训》。之，放在主谓语之间，取消句子的独立性。非，不是。报，报答。也，句末语气助词。

【译文/点评】慈爱的父亲爱护孩子，并不是为了求得报答。此言父爱是无私的，是出自天性。

慈母手中线，游子身上衣。临行密密缝，意恐迟迟归。

【注释】出自唐 · 孟郊《游子吟》。

【译文/点评】母爱的伟大，是千古歌颂的永恒母题。但是此诗不作空洞的宣教，也不写母亲的大德大恩，而只是选取母亲为儿缝衣及其穿针走线时的心理活动这一细节，以小见大，生动形象而又质朴自然地凸显出一位爱子情深的慈母形象。“手中线”对“身上衣”，文字对仗中突出母子亲密的关系；“密密缝”对“迟迟归”，皆用叠字修辞法，突出强调了母亲缝衣时的仔细用心与眷恋担忧儿子的深情，生动真切地写出了天下母亲那种“儿行千里娘牵挂”的殷殷之情。因此，千百年来一直让无数游子读之“心有戚戚焉”。

慈孝之心，人皆有之。

【注释】出自宋 · 苏辙《古今家诫叙》。慈孝，慈爱、孝顺。慈，指对晚辈的爱；孝，指对长辈的敬。

【译文/点评】爱护晚辈、孝敬长辈，这是人人都有的本性。此言慈孝乃人之本性。

大富则骄，大贫则忧。忧则为盗，骄则为暴。

【注释】出自汉 · 董仲舒《春秋繁露 · 度制》。则，就。

【译文/点评】太富裕了，就会生出骄纵之心；太贫困了，就会多患多忧。多忧就会生出为盗之心，多骄就会纵恶为暴。此言过贫过富所呈现的人性弱点。

待西施、毛嫱而为配，则终身不家矣。

【注释】出自汉 · 刘安《淮南子 · 齐俗训》。西施、毛嫱

(qiáng)，中国古代两大美女。则，那么、就。矣，句末语气助词。

【译文/点评】等待有西施、毛嫱那样的美女才肯婚配，那么一辈子也成不了家。此言意在劝男子婚配时不要过分挑剔婚配对象的容貌。

但见新人笑，那闻旧人哭？

【注释】出自唐·杜甫《佳人》。但，只。那，哪。旧人，指被抛弃的前妻。

【译文/点评】此写被娶的后妻与被抛弃的前妻的两种不同境遇与心情，意在批评那些喜新厌旧的男人。

但愿人长久，千里共婵娟。

【注释】出自宋·苏轼《水调歌头》词。但愿，只希望。婵娟，指月亮。

【译文/点评】只希望人健康长在，即使是分处千里，也能看到同一轮明月。这是作者思念弟弟苏辙的词句，看似旷达，实则字里行间都充溢着对弟弟的深切思念之情。今日我们在表达希望与亲人团聚的愿望，或是祝愿他人时，常常都要引到这句。

得利则跃跃以喜，不利则戚戚以泣。

【注释】出自唐·韩愈《韦侍讲盛山十二诗序》。则，就。跃跃，高兴的样子。以，而。戚戚，悲伤的样子。

【译文/点评】顺利的时候喜形于色，不利的时候悲伤哭泣。此言一个人经受不住挫折与成功的考验，容易受情绪影响的毛病。

独在异乡为异客，每逢佳节倍思亲。遥知兄弟登高处，遍插茱萸少一人。

【注释】出自唐·王维《九月九日忆山东兄弟》。茱萸(zhū yú)，一名越椒，是一种有香气的植物。古代重阳节有佩茱萸香囊的习俗，据说可以去邪避灾。

【译文/点评】前二句直抒身在异乡想念亲人的深切之情。后二句以示现修辞法，虚拟一个兄弟登高赏菊分香囊而思念自己的情节，立足亲人立场来反衬自己对家乡兄弟的深切思念之情，显得尤为感人。

阿谀人人喜，直言个个嫌。

【注释】出自明·冯梦龙《警世通言·一窟鬼癞道人除怪》。

【译文/点评】此言世人都喜欢听阿谀奉承的好话，而听不进忠心逆耳的直言。可谓一语道出了人性的极大弱点。正因为人都有这个弱点，所以才使历史上许多圣武的帝王在此方面栽了跟斗。至于一般人，那更是吃亏不少。历史与现实中都有生动的事例，确实值得我们深思并诫勉。

凡今之人，莫如兄弟。

【注释】出自先秦《诗经·小雅·常棣》。凡，大凡，凡是。莫，没有。莫如，不如。

【译文/点评】兄弟乃手足，再亲的关系自然也不能亲过兄弟。这是自古以来人人皆知的道理，但是现实生活中往往会有兄弟因些小利益而闹不和甚至反目成仇。正因为如此，所以这层人伦关系，仍须时时强调。今日我们所说的“打虎还要亲兄弟”，讲的也是这个意思。

凡人之患，蔽于一曲而暗于大理。

【注释】出自先秦《荀子·解蔽》。之，的。患，指缺点、弱点。蔽，被蒙蔽。一曲，指局部。暗，此指不明白。大理，指全局。

【译文/点评】大凡是人，往往都有惑于枝节问题而看不清大局的毛病。此言人性的弱点：看问题不全面，往往惑于表面现象，结果“只见树木，不见森林”，“捡了芝麻，丢了西瓜”。

凡有血气，皆有争心。

【注释】出自先秦《左传·昭公十年》。

【译文/点评】凡是有血性的人，都会有争强好胜之心。此言人性中有好争的一面。

非我族类，其心必异。

【注释】出自先秦《左传·成公四年》季文子引《史佚之志》。族类，同族之人。

【译文/点评】不是我们同族的人，他们的想法必定不与我们相一致。此言外人有异心，不可相信。后来则扩大运用，成为排斥其他民族的借口。

夫妇之道，有义则合，无义则离。

【注释】出自汉·班固《汉书·孔光传》。道，原则。义，情义。

【译文/点评】做夫妻的原则是，彼此有情义就结合，无情义就分手。此言夫妻关系是建立在情义的基础之上的。这个观点今天看来仍是对的。

夫妻本是同林鸟，大限来时各自飞。

【注释】出自明·冯梦龙《古今小说·蒋兴哥重会珍珠衫》。大限，指大难。

【译文/点评】此言夫妻关系也并不是十分的牢靠。这话虽然与我们平时所倡导的夫妻应当生死与共、同舟共济的理念相左，却道出了世俗人情的真实一面。

夫妻无隔宿之仇。

【注释】出自清·吴敬梓《儒林外史》第二十九回。隔宿，隔夜。

【译文/点评】此言夫妻之间有争吵是正常，但不会有大的分歧与仇恨。意在劝夫妻之间应该互谅互让、不要记恨。

福善之门莫美于和睦，患咎之首莫大于内离。

【注释】出自汉·班固《汉书·东平思王刘宇传》。之，的。门，指途径、方法。患，祸患。咎，灾祸。内离，内部不团结。

【译文/点评】臻至福善的途径没有什么比和睦更重要的，导致祸患的首敌便是内部离心离德。此言和睦团结才有力量，家庭才会兴旺。

父不慈，则子不孝；兄不友，则弟不恭；夫不义，则妇不顺。

【注释】出自北齐·颜之推《颜氏家训·治家》。慈，慈爱。则，那么、就。友，友爱。义，情义。

【译文/点评】父亲不慈爱，那么子女就不孝；兄长不友爱，弟妹就不会对他有恭敬之心；丈夫没有情义，妻子就不会顺从。此言家庭成员恪守父慈子孝、兄友弟恭、夫义妻顺的行为规范，才会家庭和睦、长幼有序。

父母之心，爱子孙一也。

【注释】出自明·罗伦《戒族人书》。一，相同。……也，古汉语判断句形式之一，相当于“……是……”。

【译文/点评】父母爱子孙的心都是一样的。此言爱子孙乃是做父母的天性。

父母之心，人皆有之。

【注释】出自先秦《孟子·滕文公下》。父母之心，指爱子女之心。

【译文/点评】爱护子女的心，每个人都有。此言爱子女之心乃是人的天性。

父子有亲，君臣有义，夫妇有别，长幼有序，朋友有信。

【注释】出自先秦《孟子·滕文公上》。序，次序。

【译文/点评】父子之间有亲情，君臣之间有忠义，夫妻之间有区别，老少之间有顺序，朋友之间有信任。这是孟子所提出的“五伦”规范，也是最基本的人伦天理。虽然意在维护封建统治秩序，但今天看来，它仍有维护社会稳定、促进人际关系和谐的积极意义。

附耳之言，闻于千里。

【注释】出自汉·刘安《淮南子·说林训》。附耳之言，指秘密之言。

【译文/点评】此言机密之言更易传播。因为是机密，别人更有兴趣打听。这是由人类的好奇心决定的。

富而不骄者鲜。

【注释】出自先秦《左传·定公十三年》。者，……的人。鲜（xiǎn），少。

【译文/点评】富贵了而不得意傲人的人很少。此言可谓一针见血地道出了人类得意便会忘形的人性弱点，值得我们每个人牢记并警诫。

富贵之家，禄位重叠，犹再实之木，其本必伤。

【注释】出自南朝宋·范晔《后汉书·明德马皇后传》。禄位，俸禄、爵位。犹，像。再实之木，两个树干的树木。本，树根。

【译文/点评】富贵的家庭，俸禄爵位不断累加，就像是一棵树长了两个树干，必定会伤及树根的。此言富贵太盛，并非好事，须要警惕盛极而衰。

高台多悲风，朝日照北林。之子在万里，江湖迥且深。

【注释】出自三国魏·曹植《杂诗七首》其一。北林，化用自《诗经·秦风·晨风》首章“鴥彼晨风，郁彼北林；未见君子，忧心钦钦”之句。北林，乃女子思夫之处，这里用作兄弟相思之处。之子，指诗人思念的弟弟曹彪。之，这。子，古代对男子的尊称。迥，远。

【译文/点评】秋风萧瑟，登台望远，不见兄弟，其情自悲。兄在北林，弟在万里，念及江湖又远又深的险恶情境，如何不让其兄忧虑深深？这里诗人写景叙事，景中有情，事中有意，其所表现的对曹彪的深切思念与手足之情可谓感人至深矣。

蝮蛇口中草，蝎子尾后针。两般犹未毒，最毒负心人。

【注释】出自明·冯梦龙《警世通言·桂员外途穷忏悔》。蝮蛇，一种毒性很大的蛇。犹，还。

【译文/点评】此以蝮蛇口中之草、蝎子尾后之针与负心人的心作比较，在比较反衬中突出强调负心人心肠之恶毒。

呱呱之了，各识其亲。

【注释】出自汉·扬雄《法言·寡见》。呱呱，婴儿啼哭之声。亲，父母。

【译文/点评】呱呱坠地的孩子，就能各自识别自己的父母。此言孩子与父母关系亲切的天然性。

孤雁飞南游，过庭长哀吟。翘思慕远人，愿欲托遗音。

【注释】出自三国魏·曹植《杂诗七首》其一。翘思，悬念。慕，念念不忘。愿欲，希望。托遗音，捎口信。

【译文/点评】此乃由雁及人，写诗人对其弟曹彪的深切思念之情。

骨肉之亲，析而不殊。

【注释】出自汉 · 班固《汉书 · 武五子传》。骨肉，指兄弟。之，的。析，分。殊，断绝。

【译文/点评】兄弟的亲情，即使分开也不会断绝。此言兄弟亲情的难以割舍。

顾我无衣搜荩箧，泥他沽酒拔金钗。

【注释】出自唐 · 元稹《遣悲怀三首》之一。顾，回头看。荩（jìn），一种野草，可用来编织器物。箧（qiè），小箱子。泥（nì），软求、缠住不放。沽，买。

【译文/点评】看看我无衣可以替换，她就到小草箱中去搜寻；我无钱买酒，缠住她要钱，她就拔下头上的金钗给我去换酒。此是诗人对死去的妻子生前与自己同甘共苦、患难与共的往日生活片断的深情回忆，其间所表露出的夫妻深情，读之让人深受感动。

寒衣针线密，家书墨痕新。

【注释】出自清 · 蒋士铨《岁暮到家》。寒衣，冬天所穿的棉衣。墨痕新，指家书刚刚写好。

【译文/点评】此以母亲密缝寒衣、新写家书两个典型的生活细节（前句写缝衣的用心，后句言写信的频繁），突出表现了母亲对儿行千里的牵挂与惦记之情。后二句是“见面怜清瘦，呼儿问苦辛”，更将这种爱子情深的母爱表现无遗。

何时倚虚幌，双照泪痕干。

【注释】出自唐·杜甫《月夜》。虚幌，指虚掩的窗帘。

【译文/点评】此写诗人思念妻子的深切之情。“照泪痕”，是写今夜孤寂在家望月的妻子；“倚虚幌”，是写将来团圆时的夫妻二人。这是以示现修辞法写悬想中的夫妻团聚、倚窗看月的意境，从而与现实中夫妻二人分处两地的现实形成对比，以凸显诗人对妻子的强烈思念之情。

鸿雁飞南北，关河隔弟兄。

【注释】出自元·萨都剌《寄舍弟天与》。关河，关塞河流。

【译文/点评】此写见北雁南飞、自由自在而触景生情，想起自己被关河阻隔而不得与弟弟团聚的苦悲之情。

忽闻河东狮子吼，拄杖落手心茫然。

【注释】出自宋·苏轼《寄吴德仁兼简陈季常》。河东狮子，比喻凶悍的妻子。

【译文/点评】此言陈季常之妻柳氏之凶悍与陈季常惧内之事。“狮子吼”、“拄杖落手”都是夸张之辞，虽是调笑朋友的戏言，却突出了陈季常妻子柳氏之凶悍与陈季常异常惧内的形象，让人印象非常深刻。成语“河东狮吼”，即源于此。

会桃花之芳园，序天伦之乐事。

【注释】出自唐·李白《春夜宴从弟桃花园序》。序，叙。

【译文/点评】此写春夜聚会于桃花之园，共叙兄弟天伦亲情的欢乐场景。

婚姻，祸福之阶也。

【注释】出自先秦《国语·周语中》。之，的。阶，台阶，引申为根由、原因。……也，古汉语判断句形式之一，相当于“……是……”。

【译文/点评】婚姻是祸福产生的根由。此言婚姻问题处理的好坏、家庭和睦与否，都直接关系到人的祸福。意在劝人要慎重对待婚姻问题，不可失之草率。后人所说“婚姻者，祸福之机”（《三国志·魏书·袁绍传》裴松之注引《汉末名士录》）与此同义。

婚姻论财，夷虏之道。

【注释】出自隋·王通《文中子》。夷虏，古代对未开化的少数民族的蔑称。道，方法。

【译文/点评】此言买卖婚姻是未进化、不文明的婚姻。意在劝人摒弃以财富谈婚论嫁的恶俗，而以人品、才干作为婚姻选择的标准。

婚姻勿贪势家。

【注释】出自北齐·颜之推《颜氏家训·止足篇》。勿，不要。势家，有权势之家。

【译文/点评】婚姻不要贪图有权势的家庭。此言意在强调婚姻是建立在情感的基础之上，不是建立在权势与金钱之上的。建立在金钱与权势基础上的婚姻会随着金钱权势的消歇而解体，而建立在感情基础上的婚姻则能天长地久。

魂梦只能随蛱蝶，烽烟无计学鸳鸯。

【注释】出自唐·刘兼《江楼望乡寄内》。蛱蝶，蝴蝶的一种。烽烟，此代指战争。

【译文/点评】只有在梦中才能像蝴蝶那样与妻子比翼双飞，现实生活中无法再像鸳鸯那样与妻子恩爱不分了。此言在战乱中与妻子分离的思念深情。

积德之家，必无灾殃。

【注释】出自汉·陆贾《新语·怀虑》。

【译文/点评】积德的家庭，一定不会有灾祸。此言意在劝人积德以消弭灾患。

积善之家，必有余庆；积不善之家，必有余殃。

【注释】出自先秦《周易·文言·坤》。积善，积累善行。之，的。余庆，指先人积下的福泽。余殃，指先人种下的恶果、祸患。

【译文/点评】积累善行的家庭，[illegible]定会给儿孙留下福泽，行恶的家庭，一定会给后代遗下祸患。此言意在劝人行善止恶。

疾痛则呼天，穷窘则号地。

【注释】出自宋·苏轼《代滕甫辨谤乞郡书》。则，就。疾痛，病痛。穷窘，失意。

【译文/点评】此言在病痛与失意时呼天抢地，乃出于人之本能。

脊令在原，兄弟急难。

【注释】出自先秦《毛诗·小雅·常棣》。脊令，即“鹡鸰”，一种水鸟。原，原野，宽阔平坦之地。急，为……而急。

【译文/点评】水鸟困于原野上，兄弟有难急相救。此以水鸟受困比喻兄弟有难，强调了兄弟急难时候互相救援的手足亲情。

家必自毁，而后人毁之。

【注释】出自先秦《孟子·离娄上》。之，指家庭。

【译文/点评】一个家庭的毁坏，必定是先起于自己，然后别人才有可乘之机。此言家庭内部要团结，不要让他人的离间有可乘之机。

嫁女莫望高，女心愿所宜。

【注释】出自唐·李益《杂曲》。高，指高门大户。宜，适宜。

【译文/点评】此言嫁女不应该眼睛只盯着高门大户、一心想着富贵荣华，而应该更多地考虑女儿自己的心愿与情感要求。这是颇合现代婚姻观念的先进意识。

嫁女择佳婿，毋索重聘；娶媳求淑女，勿计厚奁。

【注释】出自明·朱柏庐《治家格言》。毋，不要。索，索要。聘，聘礼。淑，好、善良。淑女，美好善良的女子。

勿，不要。计，算计。奁（lián），古代女子梳妆用的镜匣和盛其他化妆品的器皿，此指陪嫁的东西。

【译文/点评】此言嫁女应当以选择女婿的人品与才学为重，不要只贪图其丰厚的聘礼；娶媳妇娶的是能做贤妻良母的淑女，而不是算计她家丰厚的陪嫁之资。这一嫁娶理念是明智而正确的，今天我们也还一直在提倡。

静忆家人皆万里，独看帘月到三更。

【注释】出自清·张问陶《月夜书怀》。

【译文/点评】此写人在异乡、月夜思念家人的深情。“万里”，言离家距离之远，是修辞上的夸张；“三更”，言独自望月时间之长。两个数量词的相对，既使诗句在形式上构成工整的对仗，又通过两个数量词所表示的时空概念的呼应，凸显出诗人对家人的深切思念之情。

居家戒争讼，讼则终凶。

【注释】出自明·朱柏庐《治家格言》。居家，在家。讼（sòng），诉讼、打官司。则，就。

【译文/点评】家庭内部应防止纷争、诉讼，一旦有了诉讼，那么家庭就危险了。此言家庭内部应秉持“和为贵”的原则，和睦相处。

糠和米本是两倚依，谁人簸扬你作两处飞。

【注释】出自元·高明《琵琶记》第二十出《五娘吃糠》。

【译文/点评】此以糠米关系作比，说明夫妻被人拆散的情感痛苦。比喻新颖，形象生动，故能深切地打动人心，让读者不禁为五娘的遭遇洒下一把辛酸同情之泪。

可与共患难，不可与共逸乐。

【注释】出自宋·苏轼《志林》五。逸乐，快乐。

【译文/点评】此言人性的一大弱点：患难与共容易，分享快乐很难。这一点从封建时代的君臣相处（如越王勾践与功臣文种、汉高祖刘邦与功臣韩信等）的历史、现实生活中夫妇相处的事实中，都能总结出深刻的教训。之所以患难能够共担，而快乐不能分享，究其本质是“利害”关系。患难之时只有“害”而没有“利”，彼此只有一个目标：克服“害”，渡过难关；成功之时，则面临“利”的分配问题，孰多孰少，就有了竞争。而一有竞争，就只能你死我活了，因为人从根本上来说是自私的。

刻薄成家，理无久享；伦常乖舛，立见消亡。

【注释】出自明·朱柏庐《治家格言》。成家，此指主持家政。伦常，伦理常规。乖，违背、不协调。舛（chuǎn），相违背、错乱。

【译文/点评】持家刻薄，难以持久；违背伦常，立即灭亡。此言持家应大度宽容，为人要遵守伦理常规。

离别永无会，执手将何时？

【注释】出自三国魏·曹植《赠白马王彪》。会，相会。执手，握手、相见。

【译文/点评】此乃写诗人与其弟曹彪被曹丕所逼离京时的依依惜别之情。

利之所在，虽千仞之山，无所不上；深源之下，无所不入焉。

【注释】出自先秦《管子·禁藏》。虽，即使。仞，古代八尺为一仞。千仞，代指极高。深源，指深渊。焉，于此。

【译文/点评】利所在的地方，即使是再高的山，也会攀爬而上；即使是万丈深渊，也会毫不犹豫地跳进去。此言在利面前人总是争相趋进的，这是人性好利的特点。

料得年年断肠处，明月夜，短松冈。

【注释】出自宋·苏轼《江城子》词。断肠，是夸张修辞法，指极度的悲伤。

【译文/点评】此写悼念亡妻的深切之情。明月之夜本是情人相会的浪漫时刻，但是而今妻子已去，月下无人无花，只有一轮凄冷之月照着短冈之上阴森森的松柏及其所包围的一茔孤坟。此情此景，叫人如何能不为之肠断呢！

林中多疾风，富贵多谀言。

【注释】出自汉·桓宽《盐铁论·国疾》。谀言，阿谀奉承的话。

【译文/点评】此以林中必然多疾风为喻，说明富贵之后就有趋炎附势之徒进阿谀奉承之言的必然性。

落地为兄弟，何必骨肉亲。

【注释】出自晋·陶渊明《杂诗十二首》之一。落地，出生。

【译文/点评】此言只要关系亲近、情谊深厚，则不必是兄弟关系。其意是强调只要情投意合，朋友情谊也胜过兄弟亲情。此与《论语》中所说的“四海之内皆兄弟也”，其义相通。

满盛之家，不可以嫁子。

【注释】出自先秦《管子·白心》。满盛之家，指富贵至极的家庭。嫁子，嫁女。古代汉语“子”包括儿女。

【译文/点评】此言太过富贵的家庭、家庭条件太好的家庭，不能把女儿嫁过去。因为中国古代婚姻讲究门当户对，门不当、户不对，则使结婚的双方心理失衡，从而最终导致夫妇生活不和谐与家庭不幸。现代虽然没有门当户对的门第观念，但事实上变相的“条件论”仍在制约着男女婚姻的选择。当代白领高知女性独身而不能婚，正因如此。

男大须婚，女大必嫁。

【注释】出自明·施耐庵《水浒传》第五回。须，需要。必，必须。

【译文/点评】此与今日我们所说的“男大当婚，女大当嫁”同义，都是强调男女到了一定的年龄需要婚配的必然性与合理性。

男儿爱后妇，女子重前夫。

【注释】出自汉·辛延年《羽林郎》。后妇，后妻。

【译文/点评】此言男女在感情上有所区别，男人感情容易转移，女人感情则相对稳定。正因为如此，男人喜新厌旧，女人难忘旧情。此句表面上是平静地陈述一个社会现实，实质乃是说男人都是些喜新厌旧的薄幸人，而女子则是重情有义的痴心人。俗语所说“痴情女子负心汉”，也是这个意思。

男女居室，人之大伦也。

【注释】出自先秦《孟子·万章上》。居室，即结婚。伦，伦理。也，句末语气助词。

【译文/点评】男女结婚，是人与人之间最大的伦理关系。这是孟子的名言，后代我们常说的“男大当婚，女大当嫁”，即源于此，其对中国人婚姻观的形成有着极大的影响作用。

男女同姓，其生不蕃。

【注释】出自先秦《左传·僖公二十三年》载叔詹语。同姓，同一姓氏、同一家族。蕃，茂盛、繁殖。

【译文/点评】男女同姓结婚，子孙繁衍不旺盛。此言今天看来颇合现代优生学的原理，即认为近亲结婚对子孙后代不利。中国古人在几千年前就提出这个观点，实在是不简单。

鸟尽良弓藏，谋极身必危。

【注释】出自三国魏·嵇康《五言赠秀才诗》。谋极，计谋极高。

【译文/点评】为帝王出谋划策、冲锋陷阵，建功极大，最终的结果必被主子猜忌而除掉。这就像飞鸟猎尽，良弓就被藏起一样。此言功高盖主、谋高过人对自身的危害性，深刻地揭露了帝王过河拆桥的共同本性。

鸟之将死，其鸣也哀；人之将死，其言也善。

【注释】出自先秦《论语·泰伯》载曾子语。之，助词，用在主谓语之间，取消句子的独立性。其，指示代词，它的。鸣，叫声。也，句中语气助词，无义。哀，悲哀。善，善良。

【译文/点评】鸟快死时，叫声显得格外悲哀；人将死时，说话显得格外善良。此以鸟将死之前的鸣声比喻人将死前的言语特点，说明人在生命行将结束时心理上的变化，强调人有善良的一面，在生命的最后关头良知会有所觉醒。

闑内不理，无以整外。

【注释】出自汉·班固《汉书·王尊传》。闑（niè），门橛。闑内，指家里。

【译文/点评】家里没有管理好，就无法整顿家外的事情。此言与后世常说的“攘外必先安内”之义相同。意思都是说，先整肃安顿好内部，凝聚力量后，再团结一致对外。

女大十八变。

【注释】出自清·曹雪芹《红楼梦》第七十八回。

【译文/点评】此言女子随着年龄的增长而会发生很大的生理变化。

女无美恶，入宫见妒；士无贤不肖，入朝见嫉。

【注释】出自汉·邹阳《狱中上书自明》。无，无论。见，被。

【译文/点评】女子不论美丑，进了帝王之宫便会招来同类女子的嫉妒；士人无论贤能还是无能，入朝为官便会受到同僚排挤。此言人性好妒的特点。究其原因，乃是缘于利益冲突。

贫贱之知不可忘，糟糠之妻不下堂。

【注释】出自汉·班固《后汉书·宋弘传》引古语。贫，穷困没金钱。贱，卑微没地位。之，的。知，知己、朋友。糟，酿酒后的残渣。糠，谷皮。糟糠之妻，一起吃糟咽糠的妻子，即一起过贫苦日子、共渡生活难关的结发妻子。不下堂，不被休弃。

【译文/点评】此言贫贱之时、生活艰难之时所结下的情谊最纯真、最可贵，不能背弃。

牝鸡无晨。牝鸡之晨，惟家之索。

【注释】出自先秦《尚书·牧誓》。牝（pìn），雌的、母的。晨，此当动词使用，指司晨，天亮时鸣叫报明。惟，只。索，尽、完结。之，放在主谓语之间，取消句子的独立性。

【译文/点评】母鸡是不啼叫报明的。母鸡司晨，只在家无公鸡之时。此是以鸡为喻，说明女人不要当家、出头露面独当一面。这虽是歧视女性的封建思想，却真实地反映了中国漫长封建时代里人们的观念。

妻贤夫祸少。

【注释】出自清·曹雪芹《红楼梦》第六十八回。

【译文/点评】此言妻子的贤惠与否对丈夫的影响甚大。民间有句俗语“庄稼种错了只有一茬，老婆娶错了就是一生”，其义与此略通。

妻子好合，如鼓琴瑟。

【注释】出自先秦《诗经·小雅·常棣》。

【译文/点评】此言夫妻之道在于情投意合，就像琴瑟演奏，需要和谐协调。

千里姻缘一线牵。

【注释】出自清·曹雪芹《红楼梦》第五十七回。一线牵，是用月下老人主持人类婚姻的典故。据说，不同的男女之所以能走到一起结成夫妇，是因为月下老人用一根红线将他们拴到一起的。

【译文/点评】此言婚姻是靠缘分的。今天我们说“有缘千里来相会”，正是此意。

亲亲而尊尊，生者养而死者藏。

【注释】出自唐·韩愈《送浮屠文畅师序》。亲亲，亲近亲人。尊尊，尊敬长者、尊者。藏，埋葬。

【译文/点评】爱亲人、敬长者，使活着的人得到抚养，使死去的人得到安葬。此言家庭人伦之理。

情发于中，言无所择。

【注释】出自宋·苏轼《代滕甫辨谤乞郡书》。中，指心中。

【译文/点评】感情发自于内心深处，也就来不及斟酌词句了。此言人在激情状态下说话往往言随心意，最容易表露内心深处的真实想法。

情随事迁，感慨系之矣。

【注释】出自晋·王羲之《兰亭集序》。迁，改变、变化。系，相联系。之，指某件事。矣，句末语气助词。

【译文/点评】情感随着事情而有所改变，对某件事有感触，就会情不自禁地发出感慨。此言人类情感变化的规律。今日我们常说“感慨系之”，即源于此。

穷而思达，人之情也；卑而应高，物之理也。

【注释】出自唐·卢照邻《同崔少监作双槿树赋》。穷，不得意。达，成功、得意。……也，古汉语的一种判断句形式，相当于“……是……”。卑，低。应，应和。

【译文/点评】不得意时想着得意，这是人之常情；低处应和高山之音，这是事物的常理。此以低谷回音为喻，说明“人往高处走”、积极要求进步的合理性。

取次花丛懒回顾，半缘修道半为君。

【注释】出自唐·元稹《离思》。取次，经过。花丛，喻女色。回顾，回头看。缘，因为。修道，指修身养性。君，指亡妻。

【译文/点评】此以花丛喻美女，说明自己不愿再看、再想别的女人，一半是为了修身养性，另一半是因为始终忘不了亡妻之情，字里行间充溢着对亡妻的无限深情。

人各是其所是，而非其所非。

【注释】出自汉·扬雄《扬子法言·吾子》。

【译文/点评】每个人都坚持认为自己所肯定的就是正确

的，自己所否定的便是错误的。此言人都有自以为是、不够客观的弱点。

人见利而不见害，鱼见食而不见钩。

【注释】出自清·李汝珍《镜花缘》第九十二回。

【译文/点评】此以“鱼因饵而上钩”与“人因利而忘害”作比，形象地揭示了人性的弱点：利令智昏。

人情得足，苦于放纵，快须臾之欲，忘慎罚之义。

【注释】出自南朝宋·范晔《后汉书·光武帝纪》。人情，人性。足，满足。须臾（yú），一会儿。慎罚，谨慎、警诫。之，的。义，道理。

【译文/点评】人一旦得意满足，便会放纵自己；往往只图一时放纵的快乐，而忘了为人应当慎诫的道理。此言人性的普遍弱点，可谓一针见血，精辟深刻，令人警醒。

人情曷似春山好，山色不随春老。

【注释】出自宋·王之道《桃园忆故人》。曷，何。

【译文/点评】此以青山常青与人情易于反复作比较，说明人情的淡薄与人心的不古。

人情却似飞絮，悠扬便逐春风去。

【注释】出自宋·晏几道《梁州令》词。

【译文/点评】此以飞絮随风飘荡不定的形象为喻，深刻地揭示了人情的反复无常。

人情同于怀土，岂穷达而异心。

【注释】出自汉·王粲《登楼赋》。穷，指失意、潦倒。达，得意、成功。

【译文/点评】此言人都有怀念故土之情，不会因为得志或失意而有所不同，意谓对乡土的眷恋是所有人都一样的。

人情厌故而喜新，重难而轻易。

【注释】出自清·蒲松龄《聊斋志异·恒娘》。

【译文/点评】此言人性的弱点及普遍心理：喜新厌旧、重难轻易。之所以有“喜新厌旧”的心理，用现代的观点来看，乃是源于“审美疲劳”；之所以“重难轻易”，乃是因为人类好奇心、好胜心的缘故。大凡追求过程之中越是困难，就越是能够激起人的斗志与激情，引起人的重视；反之，便会掉以轻心，激情涣散。

人如风后入江云，情似雨后粘地絮。

【注释】出自宋·周邦彦《玉楼春》词。

【译文/点评】前句以风中浮云比喻人情的反复不定，后句以雨后柳絮粘地比喻人情的难以持久。

人惟求旧，物惟求新。

【注释】出自清·李渔《闲情偶寄》。惟，只。旧，故旧、老友。

【译文/点评】对人来说，还是老友、故旧好；就物而言，还是新东西吸引人。此言人性“恋故旧、喜新物”的特点。

人无害虎心，虎有伤人意。

【注释】出自元 · 纪君祥《赵氏孤儿 · 楔子》。

【译文/点评】此以老虎比恶人，说明善良的人虽然没有害人之心，但是恶人却有伤人之意。

人心之变，有余则骄，骄则缓怠。

【注释】出自先秦《管子 · 重令》。余，指富裕。则，就。

【译文/点评】人心的变化都是有规律的，富裕了就会骄奢；而一旦骄奢，为人处世就会轻忽怠慢。此言人性"富则骄，骄则怠"的弱点。俗语"饱暖思淫欲"，说的也是类似于此的人性弱点。

人心之不同，如其面焉。

【注释】出自先秦《左传 · 襄公三十一年》载子产语。焉，句末语气助词。

【译文/点评】人心的不同，就像人的脸各不相同一样。此言人心是难以估摸的，与俗语所说"知人知面不知心"有共通之处。都是说人心不同、人心难测，因此我们不能以一人之心而度天下人之心。

人有喜怒哀乐，犹天之有春夏秋冬。

【注释】出自汉 · 董仲舒《春秋繁露 · 如天之为》。犹，就像。之，结构助词，放在主谓语之间，取消句子的独立性。

【译文/点评】人有喜怒哀乐等各种感情，就像天有春夏秋冬四季一样自然。此言人有各种不同的情感展露是正常现象。

人之过也在于哀死，而不在于爱生；在于悔往，而不在于怀来。

【注释】出自汉·徐幹《中论·修本》。过，过错、缺点。哀，对……感到悲哀。也，语气助词，帮助停顿。怀，想。

【译文/点评】人的缺点在于只知死到临头才感到悲哀，而不知道活着时爱惜自己的健康；只知道对过去的事悔恨不已，而不知道吸取教训去争取未来。此言人性都有事后后悔而不知事先预防的弱点。

人之情，心服于德不服于力。

【注释】出自先秦《文子·符言》。

【译文/点评】此言人都有崇尚"以德服人"、厌恶"以力压人"的心理。意谓要想得到大家的真心信服，就应该修身养性，培养崇高的道德。

人之所难者二：乐攻其恶者难，以恶告人者难。

【注释】出自汉·徐幹《中论·虚道》。之，放在主谓语之间，取消句子的独立性。乐，乐意、愿意。其，指他人。恶者，指坏事。恶，指缺点、错误、坏事。

【译文/点评】一个人难以做到的事有两件：一是愿意得罪人（指出他人的缺点或批评他人所做的坏事）；二是主动曝光自己的缺点或不足。此言人性的弱点：喜欢当和事佬，好充圣人、完人。

人之性如水焉，置之圆则圆，置之方则方。

【注释】出自唐·马总《意林》引《物理论》。焉，句末语气助词。则，就。

【译文/点评】人的情性就像是水，放在圆形器物内就是圆的，放在方形器物里便是方的。此言人的情性是能够在不同的环境熏陶中发生改变的。

人之至亲，莫亲于父子。

【注释】出自汉·班固《汉书·高帝纪》。至，最。莫，没有。于，比。

【译文/点评】人最亲近的关系，没有超过父母与子女的关系。此言父母与子女的亲近关系乃源于天然，其意是强调天伦与人性。

任礼耻任妆，嫁德不嫁容。

【注释】出自唐·孟郊《静女吟》。任，凭借。妆，指嫁妆。

【译文/点评】此言嫁女要重视礼而耻于厚给嫁妆，嫁出的女儿要有德而不是徒有美丽的容貌。这种婚嫁观念是先进而开明的，今天我们仍在提倡。

如竹苞矣，如松茂矣。

【注释】出自先秦《诗经·小雅·斯干》。苞、茂，都是“茂盛”之意。矣，句末语气助词。

【译文/点评】像竹林那样茂密，像松树那样茂盛。此以比喻修辞法，借竹林、松树的茂盛形象写家族兴旺、人丁众多的情状。

弱女虽非男，慰情良胜无。

【注释】出自晋·陶渊明《和刘柴桑》。慰情，慰藉感情。良，的确。

【译文/点评】弱女子虽然不像男孩，但慰藉感情确实有胜于无。此言虽肯定了女子有天伦慰情作用，但是骨子里还是透着“男尊女卑”的思想。以陶渊明之达观，尚且如此，也就怪不得中国两千多年来“重男轻女”的陋习始终难以根除了。若是追根究底，那还得怪孔夫子，他的那句“不孝有三，无后为大”才是祸源。

弱子戏我侧，学语未成音。此事真复乐，聊用忘华簪。

【注释】出自晋·陶渊明《和郭主簿二首》其一。弱子，幼子。聊，姑且。用，因。华簪，华贵的发簪，此代指富贵。

【译文/点评】此句是说父子嬉戏，胜过富贵荣华，大有“有子万事足”的意味，强调的是天伦之乐与亲情的可贵。

上和下睦，夫唱妇随。

【注释】出自南朝梁·周兴嗣《千字文》。上和下睦，即上下和睦。

【译文/点评】此言家庭成员不分长幼要和睦相处，夫妇之间要行动一致、配合协调。

上山擒虎易，开口告人难。

【注释】出自元·高明《琵琶记·王娘剪发卖发》。告，求。

【译文/点评】此以上山擒虎与开口求人作比，突出强调了求人之难。意在感叹人情淡薄，世人多没有助人为乐之心。

谁家寒食归宁女，笑语柔桑陌上来。

【注释】出自宋·辛弃疾《鹧鸪天》词。寒食，寒食节。归宁，已嫁女子回娘家。陌，田间小路。

【译文/点评】此写寒食节新嫁女子回家省视父母的喜悦之情。“笑语”，表现的是女子归省的喜悦之情。柔桑，既是写桑树，也是写女子风姿。而“陌上”，既是她回家的必经之路，更是她出嫁前采桑的地方，有着少女时代很多美好的回忆。这便呼应了领起的“笑语”二字，使其表达得到具体落实。

谁言寸草心，报得三春晖。

【注释】出自唐·孟郊《游子吟》。寸草，指小草。草心，指新生小草抽出的嫩芽。三春，指初春、仲春、暮春，泛指春季。晖，阳光。

【译文/点评】此以“寸草心”比喻子女对母爱回报的微不足道，以“三春晖”比母爱的博大无边与无私。此句意在颂扬母爱的伟大而无私。

十年生死两茫茫，不思量，自难忘。

【注释】出自宋·苏轼《江城子》。

【译文/点评】妻子已死十年，自己贬谪于万里之外。生死异路，彼此音讯茫茫。但是，夫妻生活的点点滴滴，不必刻意回忆，自能一一浮现于眼前。此乃通过平缓叙事的口气，将对亡妻的无限深情不露痕迹而又淋漓尽致地展露出来。特别是

“不思量，自难忘”六字，平淡之中见深情，真可谓力有千钧，最能撼动人心。

十年朝夕泪，衣袖不曾干。

【注释】出自唐·杜甫《第五弟丰独在江左近三四载寂无消息觅使寄此二首》。

【译文/点评】此写思念兄弟的深切之情。“十年”，不是实写（事实是三四载），“朝夕泪”、“衣袖不曾干”，也不是实写，都是夸张修辞法的运用，意在突出强调其思念弟弟的深切之情。

食色，性也。

【注释】出自先秦《孟子·告子上》记告子之语。食，饮食。色，男女之事。性，本性。也，构成判断的语气助词。

【译文/点评】饮食和男女之事，这是人的本性。这是告子的名言，其意是肯定“人欲”的合理性、正当性。今天看来，仍是实事求是之论，丝毫没有伪道学的腔调。

事有切而未能忘，情有深而未能遣。

【注释】出自唐·王勃《秋夜于绵州群官席别薛升华序》。切，切身。

【译文/点评】此言事情关己则难以超脱，情到深处则难以自拔。

是婚姻，棒打不回。

【注释】出自清·曹雪芹《红楼梦》第九十回。

【译文/点评】此言男女能够成为夫妇有其必然的合理性，意在强调婚姻是靠缘分的。

室人和则谤掩，外内离则恶扬。

【注释】出自南朝宋 · 范晔《后汉书 · 列女传》。室人，家人。和，和睦。则，那么、就。谤，诽谤、毁谤。掩，掩盖，此指停息。离，离心、不和。恶，指家丑。

【译文/点评】家人和睦，那么别人的毁谤自然停止；内外不和，那么家丑必然远扬。此言意在强调家庭和睦的重要性。中国人有句俗语，叫“家和万事兴”，与此义相通矣。

室无空虚，则妇姑勃谿。

【注释】出自先秦《庄子 · 外物》。无空虚，指狭窄。则，那么、就。妇姑，指婆媳。勃谿（xī），指不睦、不和。

【译文/点评】房子狭窄，婆媳就难免不睦争吵。此言人与人的距离太近，就会引发矛盾冲突。西方人说“距离产生美”，亦与此义相通。

噬虎之兽，知爱己子；搏狸之鸟，非护异巢。

【注释】出自南朝梁 · 裴子野《汉明帝诛诸弟论》。噬（shì），咬。之，的。搏，搏击。非，不。异巢，异类的巢穴，此指异类。

【译文/点评】咬虎的猛兽，还知道爱护自己的孩子；搏击狐狸的猛禽，也知道只护着自己的细崽而不保护别的禽类。此以鸟兽的天性作比，说明爱护儿女兄弟姐妹，乃是人之天性，以此批评汉明帝的残忍暴行实是禽兽不如。

蜀笺都有三千幅，总写离情寄孟光。

【注释】出自五代·刘兼《江楼望乡寄内》。笺（jiān），精美的纸张，用以题诗或写字。都，共。孟光，东汉人梁鸿之妻，与其夫极恩爱，每次给丈夫进食都将食案举过眉毛以示敬重，成语“举案齐眉”即是言其夫妻恩爱之情的。此以孟光代指极恩爱的妻子。

【译文/点评】此言写尽蜀笺都写不尽对妻子的深情思念。“三千幅”是夸张，强调用纸数量之多。“寄孟光”是借代，是以特定代指普通，既表达了“寄妻子”之意，又强调了妻子的贤惠。

思家步月清宵立，忆弟看云白日眠。

【注释】出自唐·杜甫《恨别》。

【译文/点评】此写望月思乡、看云忆弟的深切之情。“清宵立”，说明一夜未眠；“白日眠”，则印证了“清宵立”。

虽有亲父，安知其不为虎；虽有亲兄，安知其不为狼。

【注释】出自汉·司马迁《史记·韩长儒传》。安，怎么。其，指示代词，他。

【译文/点评】虽然有亲生父亲，怎么知道他不像老虎一样凶狠；虽是同胞兄弟，怎么知道他就没有狼子之心。此言宫廷之内的斗争只有权力与利益，完全没有亲情可言的现实。其所揭示的人情真理是：在利益面前人性往往会发生扭曲。正因为如此，历史上才会有弑父杀兄之事不绝的现象。

太山之路能摧车，若比人心是坦途。

【注释】出自唐·白居易《太行路》。太山，即泰山。摧，毁坏。若，如果。

【译文/点评】此以泰山能够毁坏车轮的难行之路与人心对比，强调突出世上“唯有人心最险恶”之意。

天可度，地可量，唯有人心不可防。

【注释】出自唐·白居易《天可度》。

【译文/点评】此以天地的可度量与人心的不可防作对比，意在突出强调人心的险恶情状。

天下无不是的父母，世间最难得者兄弟。

【注释】出自清·程允升《幼学琼林·兄弟》。不是，不对。

【译文/点评】此言父母是最值得信赖的，兄弟是最应该友爱的，强调的是对父母应绝对顺从、对兄弟应本着团结友爱的原则。

天意高难问，人情老易悲。

【注释】出自唐·杜甫《暮春江陵送马大卿公恩命追赴阙下》。天意，指皇帝的思想。老，指淡。

【译文/点评】皇帝之意难测知，人情淡薄易生悲。此乃感叹仕途难通、人情冷淡之辞。

铤而走险，急何能择。

【注释】出自先秦《左传·文公十七年》。铤（tǐng），快走的样子。

【译文/点评】急急慌慌地走在险道之上，哪里还顾得上选择道路呢？此言人在慌乱情况下往往来不及周密思考相关问题。

同欲者相憎，同忧者相亲。

【注释】出自汉·刘向编《战国策·中山策》。

【译文/点评】此言人有相同的利益追求，就会有矛盾斗争；有相同的忧虑患难，就会团结一心。意谓人可以患难与共，却不可以共享利益。说的是人性的弱点，也是人类社会的现实。

晚娘的拳头，云里的日头。

【注释】出自清·吴敬梓《儒林外史》第五回。晚娘，后妈、继母。日头，太阳。

【译文/点评】此言孩子难逃被继母殴打就像是云遮不住太阳一样。这是以比喻修辞法对世俗人情的形象揭示。

万里关山万里愁，一般心事一般忧。

【注释】出自元·高明《琵琶记·伯喈夫妻分别》。

【译文/点评】此写夫妇相隔万里，但彼此相思相忧的心是一样的。“万里关山”、“万里愁”，都是夸张的表达，意在与后句两个“一般”形成对比，从而突显出夫妻情深的主旨。

往而不来者，年也；不可得再见者，亲也。

【注释】出自汉·刘向《说苑·敬慎》。往，去、离开。……者，……也，古代汉语判断句形式之一，相当于“……是……”。年，指岁月、时间。亲，指父母。

【译文/点评】一去而不复返的，是时间；不可能再遇到的，是父母。此以时间的一去不得返比喻父子、母子这种天伦关系只有一次，强调的是能结成父子、母子关系的难得。用佛家的话来说，今生能成为父子、母子，那是缘分，应该珍惜。

唯有人心相对时，咫尺之间不能料。

【注释】出自唐·白居易《天可度》。

【译文/点评】此言人心是最难揣度的。“相对”与“咫尺”，都是极言身体距离之近。以此与“不可料”形成反差，从而说明人心的险恶。

惟将终夜长开眼，报答平生未展眉。

【注释】出自唐·元稹《遣悲怀三首》之三。惟将，只有。长开眼，指彻夜不眠而思念。一说“长开眼”是指鳏鱼，是诗人自誓终生鳏居而不再娶。平生，一辈子。未展眉，指没有开心欢乐过。

【译文/点评】此写诗人对亡妻深切的思念之情。以“终夜长开眼”与“平生未展眉”形式上的相对仗，实际要表达的是今日与以前、自己与亡妻的往事今情之悲哀。

惟余思妇愁眉结，无限春风吹不开。

【注释】出自唐·白居易《思妇眉》。惟余，只剩下、只有。

【译文/点评】此以夸张修辞法写女子思念丈夫的无限

忧愁。

巫峡之水能覆舟，若比人心是安流。

【注释】出自唐·白居易《太行路》。安流，平稳的水流。

【译文/点评】此以巫峡能够翻船的急流与人心相比，突出强调人心的险恶之状。

无父何怙，无母何恃。

【注释】出自先秦《诗经·小雅·蓼莪》。怙（hù），依仗、凭借。恃（shì），依仗、依靠。

【译文/点评】没有父母又能依靠谁呢？此言父母是子女的依靠，意在强调父母的养育之恩天高地厚。虽然言语朴素，却真切感人，因为它道出了人间至真的亲情。

无官一身轻，有子万事足。

【注释】出自宋·苏轼《贺子由生第四孙》。

【译文/点评】此言脱离宦海的轻松之情与含饴弄孙的天伦之乐。

昔日戏言身后意，今朝皆到眼前来。

【注释】出自唐·元稹《遣悲怀三首》之二。戏言，玩笑话。身后，死后。今朝，今天、现在。

【译文/点评】此写诗人在失去妻子以后抚今追昔、不胜感伤的情感。以“戏言身后意”（妻子死后自己想念）的典型细节来表达其思念之情，真切具体，尤其能够深切打动人心，读之不禁让人为之洒下一掬深切哀伤之泪。

呷得三斗醋，做得孤孀妇。

【注释】出自明·冯梦龙《警世通言·况太守断死孩儿》。呷（xiā），一小口一小口地喝。三斗醋，此比喻辛酸与艰难之多。

【译文/点评】此以夸张修辞法写做寡妇的不易。

形近而易见，心远而难明。

【注释】出自唐·刘禹锡《原力》。

【译文/点评】此言人与人之间，如果身体站得远了，靠近点，还是易于看清楚的；如果彼此心灵不相通，那么彼此就难以沟通、难以了解了。意谓人与人之间，不怕相距遥远，就怕人在近旁而心在天涯。

性也者，与生俱生也；情也者，接与物而生也。

【注释】出自唐·韩愈《原性》。……也者，……也，古代汉语的一种判断句形式，相当于“……是……”。

【译文/点评】人的性格，是与生俱来的；人的感情，是在待人接物过程中自然产生的。此言性格是天生的，是不可改变的；而感情则是后天的，是可以培养的。

兄弟不睦，则子侄不爱。

【注释】出自北齐·颜之推《颜氏家训·兄弟篇》。睦，和睦。则，那么。爱，友爱。

【译文/点评】兄弟之间不和睦，那么子侄一辈就不会相互友爱。此言兄弟之间的和睦直接影响到他们下一代的关系。意在强调兄弟之间一定要和睦相处，以给下一代作出榜样。

兄弟谗阋，侮人百里。

【注释】出自先秦《国语·周语中》。谗，说别人的坏话。阋（xì），不和、争吵。侮，欺负。

【译文/点评】兄弟之间难免有不和，但是若有外人来欺负，一定会团结起来御敌于百里之外的。此言兄弟手足之情不比寻常的关系。

兄弟敦和睦，朋友笃信诚。

【注释】出自唐·陈子昂《座右铭》。敦，敦促、督促。笃，坚定。

【译文/点评】兄弟之间要讲究和睦，朋友之间要坚守信任与诚实。此言兄弟与朋友两种不同关系得以维系的基础。

兄弟虽有小忿，不废懿亲。

【注释】出自先秦《左传·僖公二十四年》。虽，即使。忿，愤怒、怨恨。懿，美、好。

【译文/点评】兄弟之间即使有点小摩擦，也不废至亲之情谊。此言手足亲情关系不会因为生活中小的冲突而改变。

兄弟阋于墙，外御其务。

【注释】出自先秦《诗经·小雅·常棣》。阋（xì），争吵。阋于墙，家里不和。御，抵抗。务，同“侮”。

【译文/点评】同在一个屋檐下，兄弟难免有磕绊，打打闹闹也正常；若是外人欺上门，就会团结一心共抵挡。这话是强调兄弟之情非同一般，与我们今日所说的“血浓于水”意思一般无二。

休辞客路三千远，须念人生七十稀。

【注释】出自宋·洪浩父《寄子》。休，不要。辞，推辞。须，必须、应该。念，想到。稀，少。

【译文/点评】此是一位父亲劝说远在他乡的儿子回乡探亲的话，意在告诫其子：远在三千里外的异乡，回来确实不易，但是应该想想父亲已经是七十多岁的人了，还能活到几年？难道做儿子的还要以路远难回作借口吗？对于今天许多生活在城市或他乡的现代人，读此诗句当有深刻的体悟。

眼看帆去远，心逐江水流。

【注释】出自唐·李白《江夏行》。

【译文/点评】此写商人之妇望着丈夫远去的船只，心中既留恋又担忧的复杂心情。前句写目送丈夫船行远去之景，后句言心如江水奔流不息之情。写江水脉脉不尽之态，意在衬托其对丈夫无尽的留恋之情。

宴尔新婚，如兄如弟。

【注释】出自先秦《诗经·邶风·谷风》。宴，安闲、快乐。宴尔，快乐的样子。

【译文/点评】初结为伉俪，幸福乐无比；相敬如宾客，相亲如兄弟。此写新婚的快乐与夫妇如兄弟的感情。

燕燕于飞，差池其羽。之子于归，远送于野。

【注释】出自先秦《诗经·邶风·燕燕》。燕燕，燕子。于，语气助词，无义。差池，即参差，不齐貌。之子，这个女子。于归，出嫁。

【译文/点评】燕子展翅飞上天，参差羽毛自舒卷。这个姑娘要远嫁，家人远送到原野。这是以燕子高飞为衬托，写姑娘远嫁、家人不舍之情。借景抒情，更让人体味到骨肉难舍的天伦之情。

养儿待老，积谷防饥。

【注释】出自明·冯梦龙《警世通言·宋小官团圆破毡笠》。

【译文/点评】此以养儿防老与积谷防饥并举，意在说明养育子女对于防备老病的意义。正是因为自古以来“养儿防老”的思想深入人心，所以才有中国今日人口爆炸的社会困境。

遥怜儿女寒窗底，指点灯花语夜深。

【注释】出自宋·胡朝颖《旅夜书怀》。指点灯花，是谈论喜讯之意，因为古代有一种说法，灯芯结花则有喜事。

【译文/点评】此以示现修辞法，从儿女寒窗之下指点灯花、盼望父亲归来的情节着笔，推己及人，从而将诗人人在旅途、寒夜之中思念儿女的深情淋漓尽致地表达出来。

夜来幽梦忽还乡，小轩窗，正梳妆。

【注释】出自宋·苏轼《江城子》词。

【译文/点评】此写诗人对亡妻的深切思念之情，但是诗人并不从正面来写，也不直抒胸臆，而是特写梦境中妻子坐在小窗前梳妆打扮的情景，以最平常、最细小的生活细节来反映亡妻生前的点点滴滴，从而由自己对这些生活细节的清晰记忆，自然而然地凸显对亡妻的无限思念之情。

夜阑更秉烛，相对如梦寐。

【注释】出自唐·杜甫《羌村三首》之一。夜阑，夜深。更，再。秉，拿、执。秉烛，指点上蜡烛。梦寐，梦里。

【译文/点评】此写战乱夫妻离散后再见时的情景。夜深点烛相对凝视，恍惚有在梦境之中的感觉，足以表现夫妻感情之深。

一尺布，尚可缝；一斗粟，尚可舂，兄弟二人不相容。

【注释】出自汉·司马迁《史记·淮南衡山列传》。尚，还。舂（chōng），把谷类的壳捣掉。

【译文/点评】一尺布虽小，但还可以缝合起来；一斗粟虽少，但还可以舂壳成米，怎么兄弟二人就不能相互容忍呢？此是汉文帝时的民间歌谣，感叹汉文帝与淮南王刘长兄弟二人相争的事。说的虽是帝王家事，但以尺布可缝、斗粟可舂起兴，兴中有比，批评的却是世上亲兄弟不能相让相容的普遍现象与浇薄人情。

以小人之虑，度君子之心。

【注释】出自南朝宋·刘义庆《世说新语·雅量》。虑，心思。度，推测。

【译文/点评】此言以自己的想法去推测比自己格调高的人的想法是不可靠的。意谓格调高的人与格调低的人，其想法是不同的，看问题的角度、做事情的方法，都是有差异的。今天我们常说“以小人之心，度君子之腹”，即源于此。意在提醒别人，不要把所有人的境界都想得那么低。

因急而呼天，疾痛而呼父母者，人之至情也。

【注释】出自宋·苏辙《为兄轼下狱上书》。……者，……也，古汉语的一种判断句形式，相当于“……是……”。疾痛，病痛。至情，最真实的情感。

【译文/点评】此言人因急难而呼天，在病痛之时呼父母，都是人最自然的真情表露。

因怜儿被薄，转忆客衣单。

【注释】出自清·朱柔则《寄远曲》。客，指远出在外的丈夫。

【译文/点评】因心疼孩子天寒被薄，而联想到丈夫出门在外衣薄裳单。这是通过心理细节的描写，以少妇心路历程的变化反映出其怜子念夫的深切之情。

阴阳和而后雨泽降，夫妇和而后家道成。

【注释】出自清·程允升《幼学琼林·夫妇》。

【译文/点评】此以天地阴阳调和才能降雨为类比，说明夫妇生活和谐对于臻至家庭幸福的重要意义。

饮食男女，人之大欲存焉；死亡贫苦，人之大恶存焉。

【注释】出自汉·戴圣《礼记·礼运》。焉，句末语气助词。

【译文/点评】吃饭喝水和男欢女爱，都是人类最基本的本能与欲望；死亡和贫苦，都是人类所最不喜欢的。此言人类都有生存的物质需要与生活的精神需要（男女之情），都有嫌恶死亡贫苦的本性。

婴儿有常病，贵臣有常祸，父母有常失，人君有常过。

【注释】出自汉 · 王符《潜夫论 · 忠贵》。常病，指经常生的病。常祸，经常遭遇的祸患。常失，经常犯的过失。常过，经常有的过错。贵臣，权臣。人君，国君。

【译文/点评】婴儿常会因为贪吃而致病，权臣常会因为恃宠弄权而遭祸，父母常会过分溺爱孩子而造成子女教育的不良后果，国君常会因为刚愎自用或荒淫奢侈而误国。此言人都有人性上的弱点，不管处于什么地位、扮演什么角色，意在劝人加强道德修养，予以防范。

有弟皆分散，无家问死生。

【注释】出自唐 · 杜甫《月夜忆舍弟》。

【译文/点评】此写战乱中见月思兄弟的手足深情。

有志妇人，胜如男人。

【注释】出自明 · 冯梦龙《警世通言 · 赵春儿重旺曹家庄》。

【译文/点评】此乃赞颂有志女人之辞。这在男尊女卑的中国封建社会，是很不容易的开明之见。

瞻望勿及，伫立以泣。

【注释】出自先秦《诗经 · 邶风 · 燕燕》。瞻望，远望。勿，不。及，到。以，而。

【译文/点评】远望不见人，伫立泪如雨。此写送别女儿出嫁的依依难舍之情。

之子于归，宜其室家。

【注释】出自先秦《诗经·周南·桃夭》。之，这。子，指女子。古代汉语“子”兼指男女。于归，古代称女子出嫁。宜，合适。室家，家庭。

【译文/点评】这个女子出嫁，适合于他家。意谓此女子能够与其男方家人和睦相处。

知子莫如父。

【注释】出自先秦《管子·大匡》。知，了解。子，指子女。莫，没有。

【译文/点评】对子女了解的深入，没有能超过做父亲的了。此言父亲与子女之间关系的密切以及父亲对子女深切的关爱之情。

治家非一宝，治国非一道。

【注释】出自汉·桓宽《盐铁论·力耕》。非，不是。宝，此指好的办法。道，途径、方法。

【译文/点评】治家并不是只有一种有效的方法，治国并不是只有一条可行的途径。此言治家与治国一样，都有许多不同的方法，当事人应当努力寻求，不必因循守旧而无所作为。

中人之性，如水之在器，方员不常。

【注释】出自元·脱脱等《宋史·王化基传》。中人，平庸的人、普通的人。方员，方圆。常，固定。

【译文/点评】普通人的情性，就像放在器物中的水一样，方圆形状是不定的。此言一般人的情性是可以随着环境的熏陶而有所改变的。

子以母贵，母以子贵。

【注释】出自先秦《公羊传·隐公元年》。以，因为。贵，指身份地位提高。

【译文/点评】孩子因为母亲的身份地位的提高而提高，母亲的地位身份由于子女的富贵而随之水涨船高。此话虽然是指宫廷里的事，但普通百姓家的情况亦然，特别是“母以子贵”，那是非常平常的。用今天的话来说，就是母亲为自己孩子的有出息而骄傲。有此一节，亦是人伦之大乐矣。

自媒之女，丑而不信。

【注释】出自先秦《管子·形势》。自媒，自己做媒嫁人。丑，羞耻。

【译文/点评】自己推销自己而嫁人，既难为情而又不为人所信任。此言女子嫁人应当通过媒人作中介。这说出了中国自古以来的婚姻传统与习惯。今天是自由恋爱、自由结婚的时代，但是我们还是经常听人劝说女孩子与人谈婚论嫁务须保持一份矜持，其意是让女子端些架子，以赢得男方的尊重，让其有求之而难得的珍惜感。若是答应得太爽快，则就未免太轻贱了自己。日后他若把你“豆包不当干粮”，你就没转圜的余地了。

祖浊裔清，不妨奇人。

【注释】出自汉 · 王充《论衡 · 自纪》。祖，祖先。浊，此指不好、恶。裔，后代。清，此指好、善。奇人，指杰出的人才。

【译文/点评】祖先不是好人，后代改过从善，不妨碍能出优秀杰出的人才。此与今之俗语“歹种出好苗”同义，皆言不可以血统论的观点判断人，正与“龙生龙，凤生凤，老鼠的儿会打洞”的世俗偏见相左，是正确的察人观点。

最喜小儿无赖，溪头卧剥莲蓬。

【注释】出自宋 · 辛弃疾《清平乐》词。小儿，小孩。无赖，此指调皮。

【译文/点评】此写小孩卧剥莲蓬的细节，意在表现其调皮可爱之处，表达词人浓浓的慈父之情。

衣食住行

不时，不食；割不正，不食；不得其酱，不食；肉虽多，不使胜饩。

【注释】出自先秦《论语·乡党》。时，指吃饭时间。食，吃。割不正，指肉的切割方式不当。酱，指调料。虽，即使。使，让。胜，超过。饩（xì），饭料，即主食。

【译文/点评】不到吃饭时间，不吃；鱼和肉切割不当，不吃；没上调料，不吃；席上肉再多，也不能吃得超过主食。这是孔子所提出的饮食礼仪。在今天看来，虽然有些讲究繁文缛节，但饮食作为一种文化，也不能一点礼仪也不讲。否则，这个民族就真的没文化了。

茶为涤烦子，酒为忘忧君。

【注释】出自唐·施肩吾散句。

【译文/点评】此言茶有消除烦恼的作用，酒有使人忘记忧愁的功能。

潮落江平未有风，扁舟共济与君同。

【注释】出自唐·孟浩然《渡浙江问舟中人》。潮，此指钱塘江潮。江，此指钱塘江。济，渡河。

【译文/点评】此言趁着潮落江平无风之际，与你同舟共渡钱塘江。

长江流远梦，短棹拨残星。

【注释】出自清·王猷定《螺川早发》。长江，此指赣江。棹（zhào），船桨。

【译文/点评】此写早行的辛苦之状。前句言梦随长长的赣江一起流向远方，意谓出发时还是梦里。后句言短桨拨水，搅碎了倒映于水中的天上残星，意谓行舟时天还未亮。两句皆写“早”，字面上却没有“早”，这就是中国传统诗歌所追求的“不著一字，尽得风流”的境界。诗句用“流”与“梦”搭配、“拨”与“残星”搭配，都有化虚为实的独特效果，读之令人更有切身之感。

长江绕郭知鱼美，好竹连山觉笋香。

【注释】出自宋·苏轼《初到黄州》。

【译文/点评】此写初到黄州的欣慰之情。前句言黄州城临长江，有鲜美的鱼儿可食；后句言城傍连绵青山，有香笋可食。讲究美食的诗人，被贬至黄州，不仅不以为苦，反而自得其乐，其旷达的人生态度实在是令人赞赏。

车如流水马如龙，花月正春风。

【注释】出自南唐·李煜《望江南》。

【译文/点评】此乃南唐后主追忆当年游幸上苑时的情景：春风轻拂，花开月圆，人流如织，车马如流。诗人之所以要追忆昔日的这段繁华生活，不是为了画饼充饥，而是为了表达沦为亡国之君后的深切悲苦之情。以乐衬苦，苦则更苦矣。

重过江南更千里，万山深处一孤舟。

【注释】出自唐·杜牧《新定途中》。

【译文/点评】此写舟行到江南需要越过万山千里之遥，既是写旅途之长，也是写行舟之难，更是写行旅的孤寂之感。“千里”、“万山”都非实指，而是夸张，意在突显行舟路程的漫长与行舟历程的艰难。

春城三百七十桥，夹岸朱楼隔柳条。

【注释】出自唐·刘禹锡《乐天寄忆旧游因作报白君以答》。春城，此指扬州。

【译文/点评】此写扬州桥梁众多、柳条临水、朱楼夹岸的繁华景象。前句写春城人流众多，但不露“人”字，而是通过“三百七十桥”带出人多的意思。因为城里临河架桥是为了人们通行的方便，既然有那么多桥，自然是人流太密集的缘故。下句以“朱楼”、“柳条”为着笔点，形象地表现出春城是快乐销魂之地。因为所谓“朱楼”，就是青楼歌舞之地；而“柳条”则有隐喻女子之意。由此，通过暗含的“水”字为中心，将桥、楼、柳三者和谐地联系在一起，从而构成一幅生动、繁华的城市风情画。

春水碧于天，画船听雨眠。

【注释】出自唐·韦庄《菩萨蛮》。

【译文/点评】细雨蒙蒙、碧水如天，泛画舟于碧水之上，卧听细雨敲打船篷之声。前句写春水之色，后句写雨打船篷之声，将春日泛舟听雨的雅趣有声有色地表现出来，令人为之神往不已。

春雨断桥人不度，小舟撑出柳阴来。

【注释】出自宋·徐俯《春游湖》。

【译文/点评】前句写人而不见人，后句不写人却人在其中。由此，将春日游湖的情趣通过情景的互动表现出来。

大舸中流下，青山两岸移。

【注释】出自元·揭傒斯《归舟》。舸，船。

【译文/点评】此写江中行舟的景象。前句以“下”字暗示船是顺水而行；后句以“移”字，既暗寓了船行速度之快，又蕴含了归舟心情愉快之意。前后两句配合，遂将中流顺水放舟、移步换景的喜悦之情展露得淋漓尽致，让人读此二句便能感受到诗人跳动的脉搏里那股掩饰不了的轻快喜悦之情。

但操大柄掌在手，覆尽东南西北行。

【注释】出自元·萨都剌《雨伞》。但，只。操，握。

【译文/点评】此言只要握住伞柄，就可遮风挡雪而四处自由走动，意在赞扬伞给人出行所提供的方便。但这些都是表面现象，实际此二句所要表达的本意并不在此。它明里是说伞与操伞之人，暗里是讽刺元末操弄权柄的张士诚、方国珍之辈和他们所延揽的许多无用文人。“伞”比喻掌握权柄的张士诚、方国珍之流，操伞之人比喻依附张、方等人的一批无用文人与得志小人。“覆尽东南西北行”，是比喻借张、方之辈庇护的小人横行不法的行为。在中国文学史上，如此借咏伞寄予讽刺现实的意蕴而又能曲尽其妙，实在难得一见。

端州石工巧如神，踏天磨刀割紫云。

【注释】出自唐·李贺《杨生青花紫石砚歌》。端州，在今广东高要市一带，古代以产砚著名，世传名砚端州砚即产于此。踏天，指石工采砚石爬山极高。紫云，指紫色的砚石。

【译文/点评】此写端州石工制砚手艺高超、采石过程辛苦。

二十四桥千步柳，春风十里上珠帘。

【注释】出自宋·韩琦《维扬好》。

【译文/点评】此写扬州二十四桥夹道杨柳、十里长街珠光宝气的繁华景象。“千步柳”、“春风十里”，都是夸张修辞法，意在凸显扬州都市的繁华程度。

风鸣两岸叶，月照一孤舟。

【注释】出自唐·孟浩然《宿桐庐江寄广陵旧游》。

【译文/点评】此写旅途之中明月江上照、轻风两岸吹、孤舟独夜行的景象，表现的是一种人在旅途的孤寂之感。

浮萍破处见山影，小艇归时闻草声。

【注释】出自宋·张先《题西溪无相院》。

【译文/点评】舟行过处，浮萍为之拨开，水中现出周围群山倒影；小船归来，碰擦水草瑟瑟有声。前句写水光山色，后句写舟行触草之声，写景叙事可谓有声有色。

姑苏城外短长桥，烟雨空濛又晚潮。

【注释】出自元·倪瓒《烟雨中过石湖三绝》其二。

【译文/点评】此写苏州城外晚潮带雨、桥梁纵横、烟雨空濛的景象。所写意境不禁让人想起唐人韦应物的名句“春潮带雨晚来急，野渡无人舟自横”（《滁州西涧》）。

关河千里别，风雪一身行。

【注释】出自唐·白居易《自江陵之徐州路上寄兄弟》。

【译文/点评】此写辞别兄弟、千里远行的辛苦之状。

惯是湖边住，舟轻不畏风。

【注释】出自唐·储光羲《江南曲四首》其一。

【译文/点评】此言在湖边住惯了，即使驾驭小船也不怕被风吹翻。意在说明住惯了湖边自然有较高的驾船技巧，强调的是环境造就人的道理。

归来宴平乐，美酒斗十千。脍鲤臇胎鰕，炮鳖炙熊蹯。

【注释】出自三国魏·曹植《名都篇》。平乐，观名，在洛阳西门外。斗十千，一斗酒十千钱。脍（kuài），切细的肉。臇（juàn），汁很少的肉羹。胎鰕（xiā），有子的鲂鱼。脍鲤臇胎鰕，意为把鲤鱼的肉切得很细，用鲂鱼的鱼子做成少汁的羹。寒鳖，指带酱汁的甲鱼。炮、炙，皆为烤。熊蹯（fán），熊掌。

【译文/点评】此写京洛少年射猎归来大宴宾客的豪华场面，让人如见当时达官贵人穷奢极侈的生活实景。

酣饮终日夜，明火继朝霞。

【注释】出自晋·张华《轻薄篇》。

【译文/点评】此写夜以继日的豪饮场面。

寒鸟树间响，落星川际浮。

【注释】出自南朝梁·何逊《下方山》。

【译文/点评】此写清晨鸟鸣于树间、西沉的星星倒映于水中的景象，意在强调起早贪黑的旅途的辛苦情状。

寒日随潮落，归帆与鸟孤。

【注释】出自唐·王贞白《金陵》。

【译文/点评】此以拟人修辞法，将日、帆、鸟人格化，使其带有人的生命情态（“寒日”、“归帆与鸟孤”），从而借物写人（借“寒日”而写人的冷清之感，借帆、鸟之孤而写人的孤独之情），表达出旅途孤帆的孤独寂寞之情。

寒树鸟初动，霜桥人未行。

【注释】出自唐·刘禹锡《途中早发》。

【译文/点评】此写早起行路的辛苦之状。前句的“鸟初动”与后句的“人未行”，都是明确表现早起早行的，但是字面上却无一“早”字。这便是中国古典文学所追求的“不著一字，尽得风流”的风格与境界。

横飞彩舰波光外，倒写朱桥水影中。

【注释】出自宋·晏殊《上巳琼林苑二府同游池上即事口占》。

【译文/点评】此写彩舰水中横飞，激起浪花层层；朱桥凌空，倩影倒映于水中的景象。

鸡声茅店月，人迹板桥霜。

【注释】出自唐·温庭筠《商山早行》。

【译文/点评】此二句写山中早行人的道路艰辛与羁旅愁思，表面却只用“鸡声”、“茅店”、“月”、“人迹”、“板桥”、“霜”等两个单字与四组偏正结构的双音节词构成的名词来表现，以电影蒙太奇的手法，构成了一幅“商山早行图”，给人以无限的想象与回味的空间。明人李东阳《怀麓堂诗话》早就评论说：“‘鸡声茅店月，人迹板桥霜’，人但知其能道羁愁野况于言表之外，不知二句中不用一二闲字，止提掇出紧关物色字样，而音韵铿锵，意象具足，始为难得。”

芰荷覆水船难进，歌舞留人月易低。

【注释】出自唐·储光羲《同武平一员外游湖五首时武贬金坛令》。芰（jì）荷，出水的荷花。月易低，月亮易于西沉，喻指时间过得很快。

【译文/点评】此写游湖看荷与观赏歌舞的快乐心情。“船难进”，言荷叶极盛极密；“月易低”，言时间过得极快，暗点出歌舞的怡人。

芰荷声里孤舟雨，卧入江南第一州。

【注释】出自宋·张耒《怀金陵三首》之一。芰，菱。江南第一州，指金陵（今江苏南京）。

【译文/点评】此写雨打菱荷有声、孤舟独往金陵的往事，虽带凄苦之情，却不失诗情画意。

系马长松下，发鞍高岳头。

【注释】出自晋·刘琨《扶风歌》。发鞍，御下马鞍。

【译文/点评】此写行旅之途的起歇情形，对偶工整，音律和谐。“长松”、“高岳”所营造的情境，也令人回味无穷。

寂寞舟中谁借问，月明只自听渔歌。

【注释】出自唐·郎士元《夜泊湘江》。谁借问，即“请问谁”，意谓无人问、没人可以说话。渔歌，渔民所唱的小调。

【译文/点评】此写月夜行舟的孤独寂寞之情。前句说无人可以说话，表现的是孤独之情。后句说月明听渔歌，表现的是良景无心欣赏的寂寞无聊之感。

寂寞孤灯愁不寐，萧萧风竹夜窗寒。

【注释】出自唐·武元衡《宿青阳驿》。寐（mèi），睡着。萧萧，此指风吹竹叶之声。

【译文/点评】此写人在旅途、身在异乡的孤寂之情。前句直抒本意，后句以写景补足前句意蕴。风吹竹叶萧萧有声，夜深入窗寒气袭人，二者都是表达孤寂难眠之意。如果不是夜不成眠，则风声听不见、寒气不觉得。

江涵千顷月，船载一篷霜。

【注释】出自宋·王禹偁《移任长洲》。

【译文/点评】此写月映江水、船篷落霜的秋夜之景，同时也写出了行旅的辛苦之状。“千顷月”是夸张，极言江面的宽广、江水的清澈与月映其中的清晰形象。“一篷霜”，也是夸张，极言船篷之上积霜之多，暗示此时已是深秋初冬之时。

酒乱性，色迷人。

【注释】出自明·施耐庵《水浒传》第四十五回。性，本性、理性。

【译文/点评】此言酒、色的危害性，意在警醒世人饮酒要有节制、女色不可迷恋。

酒能成事，酒能败事。

【注释】出自明·施耐庵《水浒传》第四回。败事，坏了好事、正事。

【译文/点评】酒能成事，这在现实生活中随处可见，今日我们的社会谈生意、拉关系、走后门之类事情，全凭酒杯一端而立马办成。我们古人早在几百年前就精辟地概括出这一道理，可见饮酒办事是中国人源远流长的传统。至于酒能败事，自古及今，例不胜举。因为酒能乱性，还有酒后吐真言，机密都泄露了，岂能不坏事？正因为如此，所以我们常劝人饮酒要节制。

开门半山月，立马一庭霜。

【注释】出自元·方夔《早行》。

【译文/点评】此写旅途早行的辛苦之状：出发时月在半山、住宿时霜降庭中。“半山月”与“一庭霜”，虽皆是写景叙事，但所寓“辛苦”之意尽在其中矣。

赖是丹青无画处，画成应遣一生愁。

【注释】出自宋·司马池《行色》。赖是，幸好。丹青，指绘画。遣，使、让。

【译文/点评】幸好旅途的孤寂之情难以描述，如果真的可以用画笔画出，那是看了会让人愁苦一辈子的。此言旅途孤寂难言的痛苦经历。

乐饮过三爵，缓带倾庶羞。

【注释】出自三国魏·曹植《箜篌引》。饮过三爵，即酒过三巡。缓带，放松腰带，此指放开肚皮吃。羞，同“馐”，美味的食品。庶，众。倾庶羞，指将席面上的佳肴美味一扫而光。

【译文/点评】此写纵情饮宴的快乐之情，不禁让人顿起大快朵颐的食欲。

两岸晓霞千里草，半帆斜日一江风。

【注释】出自唐·许浑《送杜秀才归桂林》。

【译文/点评】此写旅途起早摸晚的辛苦之状。“两岸晓霞”，言天不亮即起程。“半帆斜日”，言日暮仍在赶路。“千里草”、“一江风”，都是夸张，极言旅途的荒凉与艰难。

两水夹明镜，双桥落彩虹。

【注释】出自唐·李白《秋登宣城谢朓北楼》。两水，指环绕宣城而流的宛溪、句溪。双桥，指宛溪上的凤凰、济川二桥。

【译文/点评】此写登谢朓北楼所见宣城之外水如明镜、

桥似彩虹的景象。前句写溪水之清，后句写桥形之拱。

辚辚大车，载低载昂。

【注释】出自三国魏·曹丕《黎阳作三首》其二。辚辚，车行时发出的声音。载，动词词头。

【译文/点评】此写大车在崎岖不平的道路上行驶，忽高忽低，发出辚辚之声。此八字简则简矣，但既有视觉形象，又有听觉形象，甚是生动。

凌厉越万里，逶迤过千城。

【注释】出自晋·陶渊明《咏荆轲》。凌厉，勇往直前之状。逶迤，曲折行进之状。

【译文/点评】此写荆轲刺秦王前往秦国之路途遥远、艰辛之状。

柳花飞入正行舟，卧引菱花信碧流。

【注释】出自唐·李益《行舟》。引，采、扯采。菱花，菱角之花。信，随意、听任。

【译文/点评】柳絮飘飘，随风飞入正行于水面的船内；菱花开处，舟中人情不自禁伸手采摘，一任舟随碧水顺流而下。此写行舟水上的情趣与快乐之情。

马危千仞谷，舟险万重湾。

【注释】出自唐·沈佺期《入鬼门关》。仞，古代的长度单位，古代以七尺或八尺为一仞。

【译文/点评】就像马行在千仞之上的山谷间，又像是船行于万道弯道的滩口一样。此以比喻与夸张修辞法，写出了行走于鬼门关的感受。“千仞”与“万重”，都是夸张之辞，意在凸显鬼门关的险峻之状，以给人留下深刻印象。

漠漠帆来重，冥冥鸟去迟。

【注释】出自唐·韦应物《赋得暮雨送李曹》。漠漠，此指雨雾浓重的样子。帆来重，指船帆湿雨、船行迟缓。冥冥，昏暗的样子。鸟去迟，鸟儿高飞，远看似乎很慢。

【译文/点评】此写雨雾湿帆、船行缓慢，夜色苍茫、归鸟高飞的景象。“漠漠”与“冥冥”是以叠字修辞法写景，前者写水上雨雾迷茫之状，后者状暮霭沉沉之景。两者配合使用，既使诗句对仗形式工整，又使诗句音律上增添了美感。

年年送客横塘路，细雨垂杨系画船。

【注释】出自宋·范成大《横塘》。

【译文/点评】此写雨中送别的依依不舍之情。“横塘”，在中国古代是一种送别地点的代名词。“细雨”、“垂杨”的意象，最易令人产生依依难舍之情的联想。“画船”，则多与女子有关，更关涉男女之情。画船即将出发，其送别者那种恋恋不舍之情自然可想而知。诗句以景抒情，情寓景中，不仅让人产生联想，更能让人读后有味之无穷的意趣。

盘案互交错，坐席咸喧哗。

【注释】出自晋·张华《轻薄篇》。盘案，指杯盘等食器。

【译文/点评】此写宴席的热闹情景。

青袍似春草，长条随风舒。

【注释】出自汉·无名氏《穆穆清风至》。长条，裙带。舒，舒展。

【译文/点评】以青草喻青袍之色，给人以一种蠢蠢欲动的感觉。

秋风片帆急，暮霭一山孤。

【注释】出自宋·苏轼《南康望湖亭》。霭（ǎi），云雾。

【译文/点评】此写秋日暮色中孤舟急行、唯见孤山的景象，表达的是旅人思归的急切之情与行旅之中孤寂难耐的心情。“片帆”、“孤山”的意象正是点出这一意蕴的关键所在。

人游月边去，舟在空中行。

【注释】出自唐·李白《送王屋山魏万还王屋》。

【译文/点评】此写明月青天投影于湖水之中、水天一色的景象与泛舟湖中的快乐感受。

日夕凉风发，翩翩漂吾舟。

【注释】出自汉·王粲《从军行五首》其五。日夕，傍晚。翩翩，轻快飞舞的样子，这里指船在水面轻快浮动貌。吾，我。

【译文/点评】此写傍晚秋风飒爽、泛舟水上的轻快之感。叠字“翩翩”尤能突出这种感觉。

山店云迎客，江村犬吠船。

【注释】出自唐·岑参《汉川山行呈成少尹》。

【译文/点评】此写山村客店客少寂静的景象。“云迎客”，言无人，只有云舒云卷；“犬吠船”，言来人少，狗见船而吠。写景与叙事交融一体，有形象，也有意境。

食不厌精，脍不厌细。

【注释】出自先秦《论语·乡党》。食，食物。厌，嫌。精，精致、精细。脍（kuài），切细的鱼或肉。

【译文/点评】食物不嫌做得精致，鱼和肉不嫌切得细薄。这是孔子对饮食的要求。中国自古以来便是一个讲究美食的国度，这也许与孔子如此讲究美食的饮食观脱不了干系。

食不语，寝不言。

【注释】出自先秦《论语·乡党》。食，吃饭。语，交谈。寝，睡觉。言，说话。

【译文/点评】吃饭时不与人交谈，睡觉时不说话。这是孔子所提出的食、寝礼仪，同时也是一种养生之道。因为吃饭时与人交谈，注意力不集中，可能会被饭菜、鱼肉之类噎住，有性命之忧；睡觉时说话，就会因兴奋而难以入眠，不能保证充足的睡眠，久之势必影响身体健康。因此，孔子这话，在今天仍然值得我们记取。

食贵于玉，薪贵于桂。

【注释】出自汉·刘向编《战国策·楚策三》。

【译文/点评】吃的米比玉价还贵，烧的柴禾比香桂还值钱。此乃苏秦以夸张修辞法强调在楚国生活费用之高昂，意在抱怨楚王在其奉命出使楚国期间既不肯早日召见他，又不以国礼招待他。后世引用此语，意在说明某一地方的生活费用昂贵。

食饐而餲，鱼馁而肉败，不食；色恶，不食；臭恶，不食；失饪，不食。

【注释】出自先秦《论语·乡党》。饐（yì），食物经久腐臭。餲（ài），食物经久而变味。馁（něi），鱼腐烂，不新鲜。败，肉腐烂。食，吃。色恶，颜色难看。臭（xiù），气味。臭恶，气味不好。失饪，指烹饪方法不当。

【译文/点评】食物腐臭变味，不吃；颜色不正，不吃；气味不好，不吃；烹饪方法不当，不吃。这是孔子对饮食所提出的要求，其中包含了饮食卫生的科学道理，在今天仍然适用。

蜀道之难，难于上青天。

【注释】出自唐·李白《蜀道难》。

【译文/点评】此乃以夸张修辞法极言出入蜀中之道的艰难情形，让人对出入蜀中的艰苦情状印象非常深刻。

水边春寺静，柳下小舟藏。

【注释】出自宋·萧梅坡《西湖杂咏》。

【译文/点评】此写春来柳发、寺临水边、小舟静藏的景象，静谧的意境如同一幅油画，读之令人尘俗之念为之一扫。

水急客舟疾，山花拂面香。

【注释】出自唐·李白《秋浦歌》。疾，快。

【译文/点评】此写顺水泛舟时所见青山夹岸、花香拂面的景象，表现的是一种轻快愉悦的行旅感受。

天清一雁远，海阔孤帆迟。

【注释】出自唐·李白《送张舍人之江东》。

【译文/点评】此写秋高气爽、孤雁远飞、海天辽阔、孤舟迟迟的景象，以“一雁”与“孤帆”并举，表现的是行旅之途人在他乡的孤寂之情。

晚泊孤舟古祠下，满川风雨看潮生。

【注释】出自宋·苏舜钦《淮中晚泊犊头》。

【译文/点评】此写孤舟行旅之苦。孤舟、古祠、满川风雨，皆是哀景，况又在夜晚潮生之时，更显人在旅途的孤苦之感。

惟酒无量，不及乱。

【注释】出自先秦《论语·乡党》。惟，只有。无量，不限量。及，到。乱，神志不清。

【译文/点评】按照饮食礼仪，喝酒多少虽然没有规定，但是不能喝到神志不清。这是孔子谈饮酒礼仪的话，在今天仍然适用。因为一个人一旦喝到神志不清时，那就要失态了，甚至会做出失范之事，那后果就不堪设想了。因此，饮酒有所节制，在任何时候都是应该的。

席不正，不坐。

【注释】出自先秦《论语·乡党》。席，草席。

【译文/点评】打坐的草席摆放不正，就不坐。这是孔子关于打坐礼仪的话。古代人没有桌椅，铺草席于地，人即坐于上。成语“席地而坐”，即源于此。今日日本人还是坐草席，仍然保留了中国古代的这种打坐传统，而且是跪坐，还有“席不正，不坐”的古风。

细草微风岸，危樯独夜舟。

【注释】出自唐·杜甫《旅夜书怀》。危，高。樯(qiáng)，船上的桅杆。

【译文/点评】此写两岸微风动细草、水上孤舟高帆悬的夜行景象，表现的是行旅孤寂之情。

乡人饮酒，杖者出，斯出矣。

【注释】出自先秦《论语·乡党》。乡人，同乡人、乡党。杖者，指老人。古代有“六十杖于乡”的规定，即六十岁以上可以在乡里拄杖行走。不到这个年龄而拄杖，那是越礼。出，出门。斯，这。矣，句末语气助词。

【译文/点评】同乡人在一起饮酒，应该让老人先出门，然后人家才可以依次出门。这是孔子提出的饮酒礼仪，体现了尊老敬老的美德。今天我们宴会或聚会散时让老人或尊者先走，这个习惯其实即源于此。

新裂齐纨素，鲜洁如霜雪。裁为合欢扇，团团似明月。

【注释】出自汉·班婕妤《怨歌行》。纨，细绢。齐纨，齐国产的细绢，古代非常有名的细绢。素，没有染色的丝绸。裁，剪裁。团团，圆圆。

【译文/点评】此写团扇白如霜雪、圆如明月的样子。

沿涧水声喧户外，卷帘山色入窗来。

【注释】出自唐 · 温庭筠《山居》。

【译文/点评】此写山居的美好环境：户外涧水潺潺流过，推窗卷帘满眼青山。

野径云俱黑，江船火独明。

【注释】出自唐 · 杜甫《春夜喜雨》。

【译文/点评】此写春雨之夜野径无人、孤舟行江、天暗云黑、渔火独明的景象。

野水无人渡，孤舟尽日横。

【注释】出自宋 · 寇准《春日登楼怀旧》。野水，指野外僻远的河流。

【译文/点评】此写野渡无人的寂静景象，化用唐人韦应物《滁州西涧》“春潮带雨晚来急，野渡无人舟自横”之句，颇为巧妙。

一船灯照浪，两岸树凝霜。

【注释】出自唐 · 卢纶《送乐平苗明府》。

【译文/点评】此写夜晚行舟水上的景象：船上灯光照射于浪花之上，散射于两岸，两岸树木仿佛凝结了一层洁白的浓霜。“树凝霜”，非实写，乃是比喻，形容灯光的明亮与光照于树上的洁白之状。

一溪烟柳万丝垂，无因系得兰舟住。

【注释】出自宋·周紫芝《踏莎行》。

【译文/点评】此写男女离别的依依不舍之情。“烟柳万丝”，明里是写景，实是暗寓主人公情丝如柳、惆怅如烟之意。“兰舟”，表面写舟，实是写舟中之人，即将要离去的情人。由此，以景寓情，将一对有情男女依依惜别的深情形象地表现出来。

衣冠谁有先朝制？东海翻然认故园。

【注释】出自清·朱之瑜《避地日本感赋》。先朝，指明朝。东海，指日本。翻然，居然。故园，指汉文化。

【译文/点评】此言清朝入主中原之后汉民族传统的服饰衣冠制度荡然无存，普天之下都是满族的衣冠服饰，倒不如日本还认同中国文化，至今还保留着汉民族服饰衣冠制度。表面感叹的是衣冠制度的改变，实际表达的是对异族入主中原、汉民族沦落的悲哀之情。

衣食当自纪，力耕不吾欺。

【注释】出自晋·陶渊明《移居二首》其二。纪，经营。力耕，努力耕作。不吾欺，不欺我。

【译文/点评】衣食温饱问题需要自己经营解决，努力耕作，庄稼收成是不会欺骗我的。此言虽是写诗人乡居自食其力的感悟，但其中也包含了“一分耕耘一分收获”的人生哲理。

鹢带云帆动，鸥和雪浪翻。

【注释】出自唐·白居易《东楼南望八韵》。鹢（yì），一种能高飞的水鸟，此指船头上画有鹢鸟的船。云帆，指白色如云片的帆。和，伴随。翻，飞。

【译文/点评】船行白帆动，鸥逐白浪飞。此写登楼所见水上行舟的情景，既有形象感，又有动感。帆如白云，浪如白雪，船头似鹢，是写形象；“云帆动”、“雪浪翻”，是写动感。

由俭入奢易，由奢入俭难。

【注释】出自宋·司马光《训俭示康》。

【译文/点评】过惯了节俭的生活，转向过奢侈的生活，那是非常容易的；过惯了奢侈的生活，而要改过节俭的日子，那就难了。此言节俭持家才是最保险的。

渔舟唱晚，响穷彭蠡之滨；雁阵惊寒，声断衡阳之浦。

【注释】出自唐·王勃《秋日登洪府滕王阁饯别序》。响穷，响彻。彭蠡（lǐ），古泽名。

【译文/点评】前句写渔舟晚归，渔歌之声响彻彭蠡之滨；后句写暮秋渐寒，北雁南飞，齐集于衡阳一带，水边断断续续传来一阵阵惊寒的雁声。前句写人，后句写雁。前句写水中，后句写天上。前句写欢乐，后句写悲凉。由此，勾勒出一幅意蕴丰富的秋日风情图画，让人回味无穷。

雨断淮山出，帆扬楚树移。

【注释】出自唐·刘得仁《送友人下第归扬州觐亲》。淮山，指淮河两岸的山。楚树，指淮河沿岸的树木。淮河沿岸在先秦是属于楚国的地域。

【译文/点评】此写雨过天晴，淮河两岸群山毕出，顺水泛舟，两岸树木随目掠过。前句写雨过天晴，后句写扬帆远行，看似写景，实有寄寓落第而归的朋友以一种深切的鼓励与祝愿之意。

早晨起来七件事，柴米油盐酱醋茶。

【注释】出自元·武汉臣《玉壶春》第一折。

【译文/点评】此言日常生活的常态及必要开支的不可或缺。

乍见远舟如落叶，复看遥舸似行杯。

【注释】出自南朝梁·萧绎《燕歌行》。复，又。舸（gě），大船。行杯，就像水中漂行的杯子。

【译文/点评】此以比喻修辞法写遥望远舟如落叶、如行杯的情状，强调的是一个“远”字，同时也借写舟小而强调人在大自然面前的渺小。

棹穿波底月，船压水中天。

【注释】出自唐·贾岛《过海联句》。棹（zhào），船桨，此代指船。

【译文/点评】此写船行于海面之上，惊破了水中明月青天的投影的景象。

振策陟崇丘，安辔遵平莽。

【注释】出自晋·陆机《赴洛道中作二首》其二。振策，挥动马鞭。陟（zhì），登高、上升。崇丘，高冈。安辔，按住马的缰绳。遵，沿着。平莽，平野。

【译文/点评】此写挥鞭策马上高冈、信马由缰过平原的潇洒，颇见游历旅行的乐趣。

置酒高殿上，亲友从我游。中厨办丰膳，烹羊宰肥牛。

【注释】出自三国魏·曹植《箜篌引》。从，随。丰膳，丰盛的膳食。

【译文/点评】此写达官贵人家的盛筵场景。

舟如空里泛，人似镜中行。

【注释】出自南朝陈·释惠标《咏水》。空，指天空。泛，飘浮。

【译文/点评】此写水映碧空，泛舟水中如同身在空中；水清而浪静，船行水上恰似人在镜中的感觉。其意是为了凸显水的清澈透底与水面的波澜不惊之情状。

舟行城入树，岸阔水浮村。

【注释】出自唐·岑参《与鄠县群官泛渼陂》。

【译文/点评】此写船渐行渐远、城郭为远树所遮，江阔岸远、远村如浮水上的景象。

纵一苇之所如，凌万顷之茫然。

【注释】出自宋·苏轼《前赤壁赋》。纵，放任。一苇，比喻船小，就像一叶芦苇。如，到。凌，指行、飘。

【译文/点评】任凭小船随意飘浮，荡漾于万顷碧波之上。此写作者月夜泛舟长江赤壁段的情状，其飘然、悠然的形象与情趣，读之令人神往不已。

生活情趣

采菊东篱下，悠然见南山。

【注释】出自晋·陶渊明《饮酒二十首》之五。南山，指庐山。

【译文/点评】此写归隐田园的悠闲情趣。采菊东篱之下，已然充满了浓厚的悠闲生活情趣；而以“悠然”一词写无意间抬头见山之景，则让不期而至的悠闲感跃然纸上，让人顿然生出无限的艳羡之情。

川平看鸟远，水浅见鱼惊。

【注释】出自南朝梁·何逊《与崔录事别兼叙携手》。

【译文/点评】此写平川广阔、鸟飞天外，水清见底、鱼游欢快之景。

春秋多佳日，登高赋新诗。

【注释】出自晋·陶渊明《移居二首》其二。赋，创作。

【译文/点评】春光明媚，秋高气爽，心情舒畅，有感而发，登高赋诗，此乃自古文人的一大雅趣。

当轩对尊酒，四面芙蓉开。

【注释】出自唐·王维《临湖亭》。当，对着、面对。轩，窗户或长廊。尊，同“樽”，酒杯。芙蓉，荷花。

【译文/点评】坐在临湖亭中，对着亭中长廊，在满眼皆荷花、四面皆荷香的氛围中把酒临风，怡然自乐。这就是此二句诗所写的生活情趣与境界。

荡胸生曾云，决眦入归鸟。

【注释】出自唐·杜甫《望岳》。曾，同“层”。眦（zì），眼眶。决眦，张大眼睛。

【译文/点评】望层云飞度而心胸为之激荡，看归鸟入林而睁大了眼睛。此写观云望鸟、融入自然的忘情状态。

钓罢归来不系船，江村月落正堪眠。

【注释】出自唐·司空曙《江村即事》。系，拴。堪，能够、可以。

【译文/点评】月落江村，垂钓才归，不系船、不归家，径直睡在船上。此写田园生活的情调，何等的悠闲，又是何等的潇洒！

东篱把酒黄昏后，有暗香盈袖。

【注释】出自宋·李清照《醉花阴》词。

【译文/点评】此写黄昏之后把酒赏菊、菊香满袖的生活情趣。“东篱”，乃是化用晋人陶渊明《饮酒》诗“采菊东篱下，悠然见南山”之句。不仅点出了把酒赏菊的地点，而且也因化用前人之句而使词句显得益发优雅有深韵。

独立小桥风满袖，平林新月人归后。

【注释】出自南唐·冯延巳《鹊踏枝》词。

【译文/点评】此写词人迎风独立于小桥之上，放眼远望漠漠平林，直到月上树梢而忘归的闲情逸致。“风满袖”，既写出了“风鼓衣袖满”的生动情状，又暗示出词人独立凝望时间之长。“新月人归后”（正常语序是“新月后人归”），是说独立凝望时间的迄止点，也有以新月初升的形象突显词人雅洁人格追求之意蕴。

放鹤去寻三岛客，任人来看四时花。

【注释】出自清·袁枚题南京清凉山随园联语。放鹤，用的是宋人林逋的典故。据说林逋隐居临安（今杭州）西湖孤山，种梅养鹤。每当外出有客来访，鹤即飞来报信。三岛，指传说中的蓬莱、方丈、瀛洲三座海上仙人所居之处。

【译文/点评】上联写主人不随流俗的高雅情操，下联写主人广交天下墨客雅士之愿及其居所环境的优雅。由此，主人的生活情趣顿见。

非必丝与竹，山水有清音。

【注释】出自晋·左思《招隐二首》其一。丝，代指弦乐器。竹，代指管乐器。

【译文/点评】此言只要有高雅的情趣，不必非有音乐不可，山水之间便有美妙的清音。强调的是个人的内在修养。

风帘不动黄鹂语，坐见庭花日影移。

【注释】出自宋·寇准《春昼》。风帘，指挡风的帘子。

【译文/点评】此写风静帘垂黄鹂鸣、闲坐看花日影移的闲适生活情趣。

俯窥怜净渌，小立伫幽香。

【注释】出自宋·王安石《岁晚》。渌（lù），水清。小立，站一会。

【译文/点评】低头窥视一池清澈碧亮之水，闻着从池水中弥散开来的一缕缕残荷的幽香，不禁为之驻足。此写月夜观水赏残荷的闲适情趣。

隔岸一声牛背笛，和风吹落渡头云。

【注释】出自宋·惠嵩《天台道中》。渡头，渡口。

【译文/点评】此写牧童吹笛于对岸、渡口微风无云的景象。

隔门借问人谁在，一树桃花笑不应。

【注释】出自唐·豆卢岑《寻人不遇》。

【译文/点评】此写敲门人不在、唯见一树花的情景。这本是极平常的生活场景，但诗人运用拟人修辞法，将桃花人格化，使其带有人的生命情态（“笑不应”），从而化平淡为生动，形象地再现了主人院内桃花盛开的情形，让人思之味之，情趣无穷。

孤蓬听雨下潇湘。

【注释】出自宋·严粲《午憩僧房》。潇湘，指今湖南省境内。

【译文/点评】此写行旅途中的孤寂之情。“听雨”一词，既表现了旅途的孤寂无聊，又体现了一种文人生活的浪漫情趣，别有一种凄美的色彩。

好鸟枝头亦朋友，落花水面皆文章。

【注释】出自宋·翁森《四时读书乐》。亦，也。

【译文/点评】此写诗人见鸟心悦、看花生情的闲适生活情趣。

横玉声中吹满地，好枝长恨无人寄。

【注释】出自宋·晏殊《蝶恋花》词。横玉，此指横笛。

【译文/点评】此言在横笛声中梅花飘落满地，可惜远方没人遥寄一枝好梅。后句化用南朝宋人陆凯从江南寄赠范晔一枝梅花的典故。可见，此二句表现的是文人爱梅的雅趣。

黄鸟不堪愁里听，绿杨宜向雨中看。

【注释】出自唐·宋雍《春日》。黄鸟，此指黄莺。不堪，经不住。

【译文/点评】此言听黄莺啼鸣最好以愉快的心情，因为黄莺啼叫预示春天来临，带给人间的是万物复苏、生机勃勃的气象；看柳树青枝绿叶，最好在蒙蒙细雨中欣赏，因为这样更具朦胧之美，让人回味无穷。这是谈春天闻鸟看雨的心得，表现了文人对生活体察细致入微的特点。

剪半岭闲云补衲，留一窗明月谈经。

【注释】出自杭州五云山云栖寺联语。衲（nà），僧人所穿的衣服。

【译文/点评】剪闲云补衲，留明月谈经，这种大胆的想象和独到的思维，让人始料不及。而其间所突显的僧人生活的闲情逸致，更让人叹羡不已。

尽日高斋无一事，芭蕉叶上独题诗。

【注释】出自唐·韦应物《闲居寄诸弟》。

【译文/点评】此写春日无事、题诗蕉叶的文人情趣。

静随芳草去，闲逐野云归。

【注释】出自宋·邵雍《晚步吟》。逐，追。

【译文/点评】此写远看芳草、仰观浮云的文人生活情趣。

酒浓春入梦，窗破月寻人。

【注释】出自宋·毛滂《临江仙》词。

【译文/点评】此以拟人修辞法，将春、月人格化，使其带有人的生命情态（春入梦、月寻人），从而将酒醉梦春、月入破窗这等寻常之事写得摇曳生姿，让人回味不已。

掬水月在手，弄花香满衣。

【注释】出自唐·于良史《春山夜月》。掬，用两手捧起。

【译文/点评】一捧水虽少，却能映现出朗照乾坤的明月；赏花只以眼与手，衣裳裙带都惹香。此言玩水、弄花的生活情趣及其感悟。

开轩面场圃，把酒话桑麻。

【注释】出自唐·孟浩然《过故人庄》。开轩，开窗。场圃，即打谷场与菜园。把，拿。

【译文/点评】前句写把酒共话的场景：敞开窗户，对着打谷场与菜园子，摆出酒菜。后句写把酒共话的话题：桑麻。“场圃”是乡村最典型的景物，“桑麻”是农人最常说的话题，以此便将诗人与故人把酒临风、共话农事的悠闲画面，定格在宁静的田园背景之上，让人觉得真实亲切，如同置身其中，其乐融融。

看花饮美酒，听鸟临晴川。

【注释】出自唐·李白《饯校书叔云》。

【译文/点评】此写把酒赏花、临水听鸟的文人情趣。

练衣挂石生幽梦，睡起行吟到日斜。

【注释】出自元·倪瓒《北里》。练衣，白绢做的衣服。行吟，一边走一边吟诗。

【译文/点评】此写诗人向往的“野夫”生活情态：梦里白衣飘飘于山林中寻幽访胜，醒来边走边吟所见所闻到黄昏。其所构拟的闲适生活情调，读之不禁让人生出无限的向往之情。

绿蚁新醅酒，红泥小火炉。晚来天欲雪，能饮一杯无？

【注释】出自唐·白居易《问刘十九》。绿蚁，指酒面浮起的细小酒渣，状似绿蚁。醅（pēi），未滤过的酒。

【译文/点评】此写天寒围炉饮酒的情趣。末句以征问的方式邀请朋友一起饮酒，尤其能见出诗人浓浓的生活情趣与跟朋友亲密无间的关系。

落日楚天无际，凭栏目送飞鸿。

【注释】出自宋·戴复古《木兰花慢》。楚天，古楚国的天空，此代指南国的天空。归鸿，北飞的大雁。

【译文/点评】南国的天空无边无际，夕阳冉冉西沉，凭栏而望，一队大雁正往北方飞归。此写春日黄昏所见之景。“目送归鸿”，是化用三国魏人嵇康《四言赠兄秀才入军十八首之十四》中“目送归鸿，手挥五弦”二句，是中国历代文人非常欣赏的优雅意境之一。

梅子黄时日日晴，小溪泛尽却山行。

【注释】出自宋·曾几《三衢道中》。

【译文/点评】此写梅雨过后，趁晴泛舟、登山的生活情趣。

莫放春秋佳日过，最难风雨故人来。

【注释】出自清·孙星衍题来今雨轩联语。

【译文/点评】前句言春秋佳日应该聚朋会友，享受人生的乐趣，莫负大好时光。后句言风雨之日若有老友来此相聚，则更见情谊无价。前句所写即是曹操所说的“对酒当歌，人生几何”的境界，表达的是一种及时行乐的思想。后句所写表达的是“贫贱之交最难得”的意旨，暗合“来今雨轩”命名的来历。[它来源于唐代诗人杜甫《秋述》诗之序：“秋，杜子卧病长安旅次，多雨生鱼，青苔及榻。常时车马之客，旧，雨来；今，雨不来。”意谓以前达官贵人听说皇上（唐玄宗）要重任自己，无论风雨都来府上拜访结交，而今皇上不重用自己了，他们就不来了。只有一位老友（魏姓）还在风雨中来探望自己。由此后世便以“旧雨”指代老友。成语“旧雨新知”、“旧雨新朋”，皆源于此。]

目送归鸿，手挥五弦。俯仰自得，游心太玄。

【注释】出自三国魏·嵇康《赠兄秀才从军十八首》其十四。目，眼睛。归鸿，北归的大雁。挥，弹奏。五弦，琴。俯仰，举首低头。自得，有所得。太玄，道家所说的“道”，即呈现于万物兴衰流转中的永恒的宇宙生命。游心太玄，心思游乐于“太玄”之中。

【译文/点评】此以两个动作（目送大雁北归、手弹琴瑟）的同时进行，表现了诗人在一举首一低头间对天地之道的体悟及其物我两忘的恬淡心境。

目送征鸿飞杳杳，思随流水去茫茫。

【注释】出自荆南·孙光宪《浣溪沙》词。征鸿，长途飞行的大雁。杳杳（yǎo），远得没有尽头的样子。

【译文/点评】此写仰天看雁、低头沉思的文人闲适生活情态。

莫春者，春服既成，冠者五六人，童子六七人，浴乎沂，风乎舞雩，咏而归。

【注释】出自先秦《论语·先进》。莫，同“暮”。春服，春天的服装。冠者，成年人。古代成人时要举行戴冠礼。童子，少年。浴，洗澡。乎，于、在。沂，指沂水。风，吹风、纳凉。舞雩（yú），地名，古代祈雨的祭台。咏，声调抑扬地念诵、歌唱。

【译文/点评】暮春三月，春季的服装做好了，带着五六个成年人、六七个少年，先在沂水洗洗澡，再到舞雩台上吹吹风，然后咏唱着小调回家。这是孔子向往的理想生活，可谓闲适优雅，颇有情调，令人向往。

平生不止酒，止酒情无喜。

【注释】出自晋·陶渊明《止酒》。止酒，戒酒。

【译文/点评】此言诗人对酒的爱好，把饮酒当作了人生一大快事。虽然饮酒有种种副作用，但是若以饮酒作为人生的一种情趣，也未尝不是一种潇洒的活法。台湾有一则烟酒广告说“烟酒之于人生，犹如标点之于文章”，以标点与文章的关系比烟酒与人生活的关系，既新颖生动，又不乏生活的哲理。此义与陶渊明的思想颇有相通之处，也许写广告者的这一思想即源于陶渊明。

青笠红衫风雪里，一林枫桕马萧萧。

【注释】出自清·王士祯《自沙河至唐婆岭即事》。枫桕，枫树与乌桕树。萧萧，马鸣之声。

【译文/点评】此写风雪之中远望山水景色的豪情与雅兴。前句写诗人的穿着打扮，表现的是视觉形象，色彩非常丰富（青笠、红衫、白雪），让人有如见其人之感；后句写听觉形象，林涛与马嘶之声尽在其中，让人有如闻其声之感。此句的前二句是“皖公山色望迢迢，皖水清冷不上潮”。

青箬笠，绿蓑衣，斜风细雨不须归。

【注释】出自唐·张志和《渔歌子》词。箬（ruò）笠，一种竹子织的斗笠。蓑（suō）衣，古代一种用草或棕毛制成、披在身上挡雨的雨具，类于现在的雨披。

【译文/点评】此写渔父风雨中戴笠穿蓑、从容闲逸的形象，暗寓了诗人淡泊名利、不求闻达、醉心山林闲适生活的情趣。

青山看不厌，流水趣何长。

【注释】出自唐·钱起《陪考功王员外城东池亭宴》。

【译文/点评】此言看山、观水的情趣与喜悦之情。

曲水临流，自可一觞而一咏。

【注释】出自宋·欧阳修《西湖念语》。曲水，指环水饮酒。古代风俗，于三月上巳日（初时没有固定日期，魏以后固定在三月三日）在水滨宴饮，认为可以消除不吉。后代因而引水环曲成渠，流觞取饮，相与为乐，故称曲水。觞，酒杯。

【译文/点评】此写文人把酒临水、赋诗抒怀的雅兴与闲情。

人生只合扬州死，禅智山光好墓田。

【注释】出自唐·张祜《纵游淮南》。合，应当。禅智山，指当日江都县西面的蜀冈（又名昆冈），因禅智寺得名。禅智寺，《宝祐志》曰："旧在江都县北五里，本隋炀帝故宫。"

【译文/点评】扬州城里的繁华，令多少世人流连忘返；

扬州城外禅智山的风光之美，连隋炀帝也割舍不下，而将行宫建于此。如此繁华之区，诗人何以要以“人生只合扬州死，禅智山光好墓田”来表达其热爱之情呢？乍一看，令人不解。其实，这是一种修辞上的“倒反”说法，用一句通俗的话来说，就是“扬州好得要死”。但是，若真这样表达，那就索然无味了。为此，诗人先提出了一个出人意料的观点：“人生只合扬州死。”然后再说出了其理由：“禅智山光好墓田。”原来，是死后还爱禅智山的风光。同时，这句话还有另一层意思，即顺手牵羊地嘲讽了隋炀帝，要将炀帝的行宫变作自己的墓田，这又是何等的牛气！

日日花前常病酒，不辞镜里朱颜瘦。

【注释】出自南唐·冯延巳《蝶恋花》。病酒，因喝醉酒而生病。朱颜，红颜。

【译文/点评】天天把酒赏花，哪怕病酒而面容憔悴也在所不惜。此写文人惜春爱花之情。

山光忽西落，池月渐东上。散发乘夕凉，开轩卧闲敞。

【注释】出自唐·孟浩然《夏日南亭怀辛大》。山光，山上的阳光。散发，散开头发。轩，此指长廊。卧闲敞，即闲敞卧。

【译文/点评】此写夏日夕阳西下、月上东山后散发敞衣而纳凉的闲情逸致。

山静似太古，日长如小年。

【注释】出自宋·王曾《醉眠》。太古，远古。

【译文/点评】此写山中醉眠时宁静清幽、时光悠长的感受。

诗成有共赋，酒熟无孤斟。

【注释】出自唐·韩愈《县斋读书》。赋，朗诵。孤斟，独饮。

【译文/点评】此写文人心目中的快乐与雅趣：诗成共咏，酒热对饮。

十里长街市井连，月明桥上看神仙。

【注释】出自唐·张祜《纵游淮南》。月明桥，即指扬州的二十四桥。神仙，唐代人对妓女的代称。

【译文/点评】此二句写扬州的繁华，突出了两点：一是长街十里，二是月明桥上的神仙（妓女）。此与杜牧《寄扬州韩绰判官》所写的“二十四桥明月夜，玉人何处教吹箫”意境相同，颇令人回味。

石栏斜点笔，桐叶坐题诗。

【注释】出自唐·杜甫《重游何氏五首》其三。

【译文/点评】此写斜倚坐石栏、桐叶漫题诗的雅兴。

摅怀旧之蓄念，发思古之幽情。

【注释】出自汉·班固《西都赋》。摅（shū），散布、抒发。蓄念，积久的思念。幽情，深情。

【译文/点评】此二句抒发怀念故旧、思念先人的深情。后句的引用，现在多指某人富有闲情逸致或指其无病呻吟、故作深沉。

四美俱，二难并。

【注释】出自唐·王勃《滕王阁序》。四美，指良辰、美景、赏心、乐事。二难，指贤主、嘉宾。

【译文/点评】此写文人雅集的盛况：既有良辰、美景、赏心、乐事，又有贤主、嘉宾。

松风吹解带，山月照弹琴。

【注释】出自唐·王维《酬张少府》。

【译文/点评】此二句是写诗人对隐逸生活和闲适情趣的追求。前句的“松风”、“解带”，后句的“山月”、“弹琴”，都是对这种生活与情趣的细节描写，且“松风”与“山月”二词都含有高洁之意，这就使诗人所创造的隐逸生活与闲适情趣更加贴合封建士大夫与文人的脾胃，令人顿生向往艳羡之情。同时，也让读者从诗人所创造的意境中获取到更多的审美享受。

松陵第四桥前水，风急犹须贮一瓢。敲火煮茶歌白苎，怒涛翻雪小停桡。

【注释】出自元·倪瓒《绝句》。松陵，吴江的古称（今江苏吴江县）。第四桥，即甘泉桥。因泉品排于第四，故名。陆羽《茶经》将其泉水排第十六名。犹，还。须，需。白苎，江南小曲名。桡（ráo），指桨。

【译文/点评】船行到吴江甘泉桥边，想起用甘泉桥泉水泡茶，遂在风急浪高中停下小船，从江中取了一瓢，然后便迫不及待地敲石取火，一边煮茶，一边吟唱着江南小曲。这是此诗所呈现的七百多年前中国古人的生活画面，其所展现的生活情趣与雅兴，让人向往不已、感叹不已。尤其是第三句“敲火煮茶歌白苎”（此句从逻辑上应是第四句，诗人为了表现其急切煮茶的心情，特意将其置于停桡取水之前），其所表现的悠然闲适的情调，简直要让今日忙忙碌碌不知所为的都市人在对比之下惭愧不已。

台上看山徐举酒，潭中见月慢回舟。

【注释】出自唐·刘禹锡《和思黯忆南庄见示》。徐，慢。

【译文/点评】此写把酒登台看青山、泛舟潭中夜赏月的文人雅兴。

陶冶性灵在底物，新诗改罢自长吟。

【注释】出自唐·杜甫《解闷十二首》之七。底物，何物。

【译文/点评】此写新诗写成而反复吟改、自得其乐的文人情趣。

题诗石壁上，把酒长松间。

【注释】出自元·倪瓒《对酒》。

【译文/点评】此写游山玩水、行吟题诗、居停松间、把酒临风的闲适生活情调，读之让人油然而生无限的艳羡之情，顿生一种“脚着谢公屐”、追随诗人去、赏诗石壁间、把酒细论文的豪情。

停车坐爱枫林晚，霜叶红于二月花。

【注释】出自唐·杜牧《山行》。坐，因为。

【译文/点评】此写停车赏枫的情趣及快乐欣喜之情。前句写动作，后句写原因。在交代原因的同时，通过一个比喻，将秋日枫叶如花似火的颜色形象地表现出来，令人顿生与诗人同样的情感冲动，也想身临其境，体会一下夕阳之下停车赏枫叶的情趣。

闻道春还未相识，走傍寒梅访消息。

【注释】出自唐·李白《早春寄王汉阳》。

【译文/点评】此写春天未到而去赏梅迎春的文人雅趣。

我见青山多妩媚，料青山见我应如是。

【注释】出自宋·辛弃疾《贺新郎》。

【译文/点评】此以比拟修辞法，将青山人格化，使其具有人的生命情态（看我也觉得妩媚，有欣喜之情），从而表达了诗人热爱自然、亲近自然的真切之情。

卧读陶诗未终卷，又乘微雨去锄瓜。

【注释】出自宋·陆游《小园》。陶诗，指陶渊明描写田园生活的诗。

【译文/点评】此写读诗未完、兴起锄瓜的田园生活情趣。“卧读”、“未终卷”、“乘微雨”，都典型地表现出田园生活自由、闲适的情调。

息燕归檐静，飞花落院闲。

【注释】出自唐·苏颋《山驿闲卧即事》。

【译文/点评】此写燕息檐下、花落院中的景象，意在通过花鸟的天然情态来表现山居生活恬淡自然的情调。

溪山看未足，还听暮楼钟。

【注释】出自宋·闻人符《题清习阁》。

【译文/点评】此写清习阁上朝看山水、暮听钟声的生活情趣。

溪轩松偃坐，石室水临门。

【注释】出自唐·许彬《送李处士归山》。轩，高。偃，卧。石室，指用石头垒起的简陋小屋。

【译文/点评】卧坐于溪边高松之下，建石室于临水之滨。此写隐士的住所环境及其闲适的生活情态。

细数落花因坐久，缓寻芳草得归迟。

【注释】出自宋·王安石《北山》。

【译文/点评】细数落花而久坐忘时，赏花看草而流连忘返。此写山中缓行寻春赏花的生活情趣，悠远而怡然，惬意而诗意。

闲窗听雨摊书卷，独树看云上啸台。

【注释】出自清·吴伟业《梅村》。啸，撮口作声、打口哨。啸台，指东汉末年“竹林七贤”之一的阮籍长啸之台。东晋江微《陈留志》载：“阮嗣宗善啸，声与琴谐，陈留有阮公啸台。”

【译文/点评】此写诗人听雨窗下、摊书闲览、长啸登台、倚树看云的闲适和自在情趣。前句的“闲”字突出其闲适，后句的“独”字强调了其自在，“听雨”、“摊书”、“上台”、“看云”则从形象上突出了这种闲适自在的情调。

闲坐小窗读周易，不知春去几多时。

【注释】出自宋·叶采《暮春即事》。周易，中国先秦时代最重要的文化典籍之一，内中有六十四卦的卦象说明及其解说阐释等，为“十三经”之一，被称为“群经之首”。

【译文/点评】此言专心读书而不知春天逝去。此二句既有表达读书快乐之意，也有惜春伤怀之情。

相看两不厌，只有敬亭山。

【注释】出自唐·李白《独坐敬亭山》。敬亭山，在今安徽宣城西北。

【译文/点评】此写对敬亭山的热爱之情，暗寓对南朝诗人谢朓的怀念仰慕之情，因为敬亭山曾是谢朓的吟咏之处。

心结湘川渚，目散冲霄外。

【注释】出自晋·庾阐《三月三日》。湘川渚，此指文人流觞取饮之处。

【译文/点评】曲水流觞（即将盛着酒的杯子从曲水上游放出，让其顺流漂下，流到谁的面前，谁就畅饮此杯），乃是中国古代文人雅集的一种方式。但是，诗人虽然心系于此，身在流觞取饮的湘川渚，却放眼冲霄之外。其心意似乎在此，又似乎不在此，其中的闲适之情顿然毕现。

新月娟娟，夜寒江静山衔斗。起来搔首，梅影横窗瘦。

【注释】出自宋·汪藻《点绛唇》（或题苏过作）。娟娟，姿态美好的样子。斗，二十八宿之一。

【译文/点评】此写冬夜起床所见之景：新月弯弯，夜寒江静，斗星西沉，梅枝横窗，花枝稀疏。其中“山衔斗”、“横窗瘦”，都是拟人修辞法的运用，将山、梅人格化，从而使山、梅具有人的生命情态（“衔”、“瘦”），由此化平淡为生动，形象地再现了斗星西沉、梅枝稀疏的情状。

行到水穷处，坐看云起时。

【注释】出自唐·王维《终南别业》。

【译文/点评】此写山居行踪无定、观山看云的悠闲生活情趣。同时，也以景写情，将诗人闲适淡定的心境含而不露地表现出来。因此，历来被人赞赏。《宣和画谱》有云：“‘行到水穷处，坐看云起时’及‘白云回望合，青霭入看无’之类，以其句法，皆所画也。”近人俞陛云《诗境浅说》则评论说：“行至水穷，若已到尽头，而又看云起，见妙境之无穷。可悟处事事变之无穷，求学之义理亦无穷。此二句有一片化机之妙。”除此，诗句的意象还让人觉得另有一层含义寄寓其中，这便是：人处困境，不妨平心静气，冷眼旁观世事，可能会有更清醒的认识。

兴阑啼鸟换，坐久落花多。

【注释】出自唐·王维《从岐王过杨氏别业应教》。阑

(lán)，尽。

【译文/点评】此写听鸟到兴尽、观花坐忘时的悠闲情致。“啼鸟换”，言坐听鸟鸣时间之久；“落花多”，言坐赏落花时间之长。通过时间的强调，间接表达出诗人热爱自然、忘情于花鸟的浓厚生活情趣。

旋收松上雪，来煮雨前茶。

【注释】出自宋·曹汝弼《喜友人过隐居》。旋，立即。雨前茶，谷雨前采摘下的嫩茶，是品位高的茶。

【译文/点评】此写雪后收聚松上之雪煮茶待客的生活场景，表现的是文人隐士倜傥不群的生活情趣。

寻芳不觉醉流霞，倚树沉醉日已斜。客散酒醒黄昏后，更持红烛赏残花。

【注释】出自唐·李商隐《花下醉》。芳，此指花。流霞，神话传说中的一种仙酒。此双关花如流霞，又双关花如流霞仙酒一样醉人。倚，靠。持，拿。

【译文/点评】此写文人爱花的心理。第一句以双关修辞法写爱花心理，意蕴深长，耐人寻味。诗人到底是喝醉酒了才去寻花，还是寻花时因流霞似的花而沉醉呢？读者自可作不同的解读，由此诗的意境、意蕴得以大大拓展。第二句写沉醉时间之久，“日已斜”作了交代。三四句写客散酒醒后持烛赏花的细节，虽有人散花残的凄凉感，但爱花的心理更凸显出来。

野性平生唯爱月，新晴夜半睹婵娟。起来自擘纱窗破，恰漏清光到枕前。

【注释】出自唐 · 陆畅《新晴爱月》。婵娟，指月亮。擘（bò），原意指大拇指，此指用手指把东西分开。

【译文/点评】此写新晴之夜为了赏月，半夜起来把纱窗弄破看月亮的生活情景，表现的是文人特有的闲适生活情趣。

一年春色摧残尽，更觅姚黄魏紫看。

【注释】出自南宋 · 范成大《再赋简养正》。觅，找。姚黄魏紫，两种名贵的牡丹花。

【译文/点评】此写诗人对谢去的春花无限留恋之情与等待夏日牡丹花开的急切之情，表现了诗人热爱生活的高雅情趣。

倚阑莫怪多时立，为爱孤云尽日闲。

【注释】出自宋 · 陆游《孤云》。阑，栏杆。

【译文/点评】此写倚栏久立看孤云的文人闲适情趣。

倚杖柴门外，临风听暮蝉。

【注释】出自唐 · 王维《辋川闲居赠裴秀才迪》。

【译文/点评】此写日暮倚柴门、扶杖听蝉鸣的闲情逸致。柴门，代指非常贫寒之家。居柴门之中而不失生活的情趣，其安贫乐道的精神可见。

映流看夜月，临风听晓钟。

【注释】出自隋 · 孔绍德《送舍利宿营定晋岩》。

【译文/点评】此写夜晚水中看明月、朝晨迎风听钟声的雅兴。

有约不来过夜半，闲敲棋子落灯花。

【注释】出自宋·赵师秀《有约》。

【译文/点评】此写夏日梅雨之夜约友不来，自在灯下下棋的生活情趣。与此前两句“黄梅时节家家雨，青草池塘处处蛙”的写景相配合，更显情趣盎然。

欲归还小立，为爱夕阳红。

【注释】出自宋·陆游《东村》。小立，指站立一会儿。

【译文/点评】此写诗人因爱夕阳红、久久不忍归的生活情趣。

云里寒溪竹里桥，野人居处绝尘嚣。

【注释】出自宋·王禹偁《题张处士溪居》。野人，指隐士。尘嚣，指世俗之气。

【译文/点评】此写隐士的居住环境：山高溪寒、桥隐竹林、人烟罕至、清幽宁静。

枕上诗书闲处好，门前风景雨来佳。

【注释】出自宋·李清照《摊破浣溪沙》词。

【译文/点评】此写闲卧读诗书、门前看风雨的文人情趣。

只恐夜深花睡去，故烧高烛照红妆。

【注释】出自宋·苏轼《海棠》。高烛，高脚烛台上的蜡烛。红妆，本指女子的打扮，此指海棠花。

【译文/点评】此写春夜秉烛看海棠花开的雅兴与喜悦之情。其中，将海棠花人格化，说怕花会睡去，既新颖生动，让海棠花的形象活然而出，又鲜明地写出了诗人凝神观照海棠花时的那种人与花合二为一的忘情之态，暗示出爱花的深情。

竹风能醒酒，花月解留人。

【注释】出自唐·张谓《夜同宴用人字》。解，懂得。

【译文/点评】此言风动翠竹令人提神醒脑、花好月圆让人流连忘返。

纵酒还须上山去，白云那肯下山来。

【注释】出自唐·秦系《山中赠诸暨丹丘明府》。那，哪。

【译文/点评】此写呼朋上山去、把酒看飞云的文人情趣。

醉后不知天在水，满船清梦压星河。

【注释】出自唐·唐温如《题龙阳县青草湖》。星河，银河。

【译文/点评】此写天水一色、银河映湖、醉卧船上的情景。

醉困不知醒，攲枕卧江流。

【注释】出自宋·米芾《水调歌头》词。攲（qī），倾斜。

【译文/点评】此写醉酒卧于船上、任其船漂水上的文人生活情趣。

醉眼青天小，吟情太华低。

【注释】出自唐·李洞《赠唐山人》。太华，指华山。

【译文/点评】此写唐山人醉酒看青天、吟诗华山巅的风流潇洒与生活情趣。

醉倚绿阴眠一饷，惊起望，船头阁在沙滩上。

【注释】出自宋·欧阳修《渔家傲》词。饷，同“晌（shǎng）”，一天内的一段时间、一会儿。阁，同“搁”，搁浅。

【译文/点评】此写醉靠绿树荫下小憩，醒来发现所乘小船漂流搁浅在沙滩的情景，表现的是一种文人闲适自在的生活情趣。

坐睡船自流，云深一蓑小。

【注释】出自元·陈孚《江天暮雪》。蓑，蓑衣。

【译文/点评】此写一个渔翁暮雪江上的形象：云浓天欲雨，小蓑遮其身，坐睡小船上，水流舟自泛。所写虽是渔翁并不浪漫的生活，却表现了一种悠闲自在的江湖生活情调。

生老病死

白发不能容相国，也同闲客满头生。

【注释】出自唐·滕倪散句，见于《全唐诗》。容，优容、使例外。相国，宰相。

【译文/点评】此言人的衰老规律是不以其地位高低而改变的，衰老是人类共同的宿命。

白发宁有种，一一醒时栽。

【注释】出自宋·辛弃疾《水调歌头》。宁，难道。种，种子。一一，每一（根）。醒时栽，指失眠时生出白发。

【译文/点评】此写词人年老失眠而白发陡增的感伤之情。

白头搔更短，浑欲不胜簪。

【注释】出自唐·杜甫《春望》。短，此指少。浑欲，简直要。不胜簪，不能插住发簪。

【译文/点评】此写年老发白、发少的情状。

白发随梳少，青山入梦多。

【注释】出自唐·徐夤《施次寓题》。青山，此指故乡的山。

【译文/点评】此写旅途中叹老怀乡之情。

百年秋已半，九日意兼悲。

【注释】出自唐·杜甫《九日曲江》。百年，代指一生。秋，比喻人生到了晚年。九日，指九月九日重阳节。兼，加倍。

【译文/点评】人生到了晚年，况且又是秋日过半的重阳敬老节，岂能不让人触景生情，感伤生命的凋零期即将来临。

百岁光阴半归酒，一生事业略存诗。

【注释】出自宋·陆游《衰疾》。百岁，代指一生。半归酒，一半都用来喝酒。略存诗，略有一些诗篇存世。

【译文/点评】诗人终其一生都是以报效国家、恢复中原为志业，然而在行将结束生命历程时回顾人生，却发现一半时间都用于借酒浇愁了，一生的事业只剩下一些诗稿存世，这是与其本意相违背的。其间所表露的老而不能实现理想的悲哀之情如水决堤，充溢于字里行间，让人不胜悲伤。

鬓华虽改心无改，试把金觥，旧曲重听。

【注释】出自宋·欧阳修《采桑子》词。鬓华，指头发的颜色。把，持、握。觥（gōng），古代的一种酒器。

【译文/点评】此写年老时把酒听旧曲、旧梦欲重温的怀旧心情。

病从口入，祸从口出。

【注释】出自晋·傅玄《傅子》。

【译文/点评】疾病由饮食不洁、不当而起，祸患由言语不慎而致。此言疾病与祸患的根源都在于嘴巴，意在劝人注意饮食卫生、谨慎说话。

病身最觉风露早，归梦不知山水长。

【注释】出自宋·王安石《葛溪驿》。

【译文/点评】前句言病人对风寒最为敏感，后句说只有梦中回乡才不觉路途遥远。

不觉老将春共至，更悲携手几人全。

【注释】出自唐·顾况《岁日作》。将，和、与、同。共至，一起到来。

【译文/点评】春天是生机勃勃、万物复苏的季节，但是反衬着生机盎然的春天却是老境将至。环顾周围当初的故旧亲朋则所剩无几，这又是何等的悲哀呢？

不知筋力衰多少，但觉新来懒上楼。

【注释】出自宋·辛弃疾《鹧鸪天》。但，只。新来，近来。

【译文/点评】此以“懒上楼”的细节描写凸显其年老体衰之状。

不知明镜里，何处得秋霜。

【注释】出自唐·李白《秋浦歌》。得秋霜，指头发白得像秋天的霜。

【译文/点评】此以比喻修辞法写头发变白、老境已至的悲哀之情。

常时往还人，记一不识十。

【注释】出自唐·杜甫《送率府程录事还乡》。常时，以前。往还人，交往的朋友。

【译文/点评】此言年老记忆力下降，往日的朋友大多都记不起来了。

垂死病中惊坐起，暗风吹雨入寒窗。

【注释】出自唐·元稹《闻乐天授江州司马》。垂死，将死。

【译文/点评】此以凄风苦雨的哀景衬托诗人老病将死的悲哀之情，读之让人心生戚戚之感。

春风解绿江南树，不与人间染白须。

【注释】出自宋·赵师侠《鹧鸪天》词。解，懂得。与，给。

【译文/点评】此以拟人修辞法，将春风人格化，以此凸显春风能使大地焕发生机却不能让人返老还童的感伤之情。

春风余几日，两鬓各成丝。

【注释】出自唐·李白《赠钱征君少阳》。成丝，指头发变白。

【译文/点评】此言青春时光不多了，两鬓都已斑白，意在感叹已逝去的韶华与即将来临的衰老。

春尽有归日，老来无去时。

【注释】出自唐·刘威《伤春感怀》。

【译文/点评】此写青春一去不复归、老境渐至无奈何的心情。

春水船如天上坐，老年花似雾中看。

【注释】出自唐·杜甫《小寒食舟中作》。天上坐，指春水涨起，船行如在天上。

【译文/点评】此写春水船上看花如在雾中的情景，意在强调年老眼花、看物不明的生理现象。

但愁花有语，不为老人开。

【注释】出自唐·刘禹锡《唐郎中宅与诸公同饮酒看牡丹》。但，只。

【译文/点评】此以拟人修辞法（说花有语言，商量着对着老人不开），表达了对老境到来的感伤情怀。

多情应笑我，早生华发。

【注释】出自宋·苏轼《念奴娇》。多情应笑我，即应笑我多情。华发，白发。

【译文/点评】此言多情使人老。意谓想得过多、自作多情，都是伤神而易于衰老的。

二月已破三月来，渐老逢春能几回。

【注释】出自唐·杜甫《绝句漫兴九首》其四。破，残破、过去。

【译文/点评】此写逢春感叹老境渐至、来日无多的悲伤心情。

发少嫌梳利，颜衰恨镜明。

【注释】出自唐·刘禹锡《冬日晨兴寄乐天》。利，利索。颜衰，面容衰老憔悴。

【译文/点评】此以嫌梳、恨镜的心理活动写感伤衰老之情。

浮生却似冰底水，日夜东流人不知。

【注释】出自唐·杜牧《汴河阻冻》。却似，就像。

【译文/点评】此以冰底之水暗流不息比喻时光飞逝、人老而不知，形象地说明了时光易逝、人生易老的道理。

浮图之慈悲，救生最大。

【注释】出自唐·刘禹锡《救沈志》。浮图，即浮屠，指佛家。之，的。

【译文/点评】此言吃斋念佛，最大的慈悲之举便是救人一命。此言与“救人一命，胜造七级浮屠”同义。

浮云一别后，流水十年间。欢笑情如旧，萧疏鬓已斑。

【注释】出自唐·韦应物《淮上喜会梁川故人》。

【译文/点评】此写分别十年后故人重逢的喜悦之情及对老境已至的感叹。

福寿康宁，固人之所同欲；死亡疾病，亦人所不能无。

【注释】出自清·程允升《幼学琼林·疾病死丧》。固，固然、本来。同欲，共同的欲望。亦，也。

【译文/点评】幸福、长寿、健康、安宁，固然都是人们共同的愿望；但是死亡疾病，也是人所不能免的事情。此言追求福寿康宁是人类共同的理想，但对生死疾病，也要有达观的态度。

父母能生长我，不能免我于死。

【注释】出自晋·陈寿《三国志·吴书·吴范传》。生长，指生和养。

【译文/点评】父母能够生我养我，但不能使我免于一死。此言乃是慨叹死亡之不可免。

公道世间唯白发，贵人头上不曾饶。

【注释】出自唐·杜牧《送隐者一绝》。唯，只。贵人，指地位高的人。不曾饶，没有饶恕过、没有例外过。

【译文/点评】此言人的衰老是自然规律，任何人都难以逃脱人老体衰的命运。

寒暑不时则疾，风雨不节则饥。

【注释】出自汉·戴圣《礼记·乐记》。不时，不按时间规律。则，那么、就。疾，指疾病发生。不节，没有节制、不正常。饥，指出现饥荒。

【译文/点评】寒暑没有规律就会引发疾病流行，风雨不调就会出现饥荒。此言气候条件既是影响人体健康的重要因素，也是影响农业生产的重要因素。

河清不可俟，人命不可延。

【注释】出自汉·赵壹《秦客诗》。河清，指黄河变清。

古人有一种说法，说黄河变清，天下就太平了。俟（sì），等。

【译文/点评】此言乃是感叹天下太平难致、人生不可永恒。

欢乐极兮哀情多，少壮几时兮奈老何。

【注释】出自汉·刘彻《秋风辞》。极，极点。兮，语气助词，相当于“啊”。奈老何，拿老怎么办，即对于衰老无可奈何。

【译文/点评】此写乐极生悲而感叹人生苦短、青春易逝的复杂心绪，诗人虽是不可一世的汉武帝，却也能体察人类这一共通的心理而形诸于辞，不禁让人感佩。

剑老无芒，人老无刚。

【注释】出自明·冯梦龙《东周列国志》第三十二回。

【译文/点评】剑旧了就没有锋芒，人老了就少了阳刚之气。此言人的性格会随着年龄的变化而变化，时间会磨掉一个人的锐气。

江边一树垂垂发，朝夕催人自白头。

【注释】出自唐·杜甫《和裴迪登蜀州东亭送客逢早梅相忆见寄》。垂垂，渐渐。朝夕，代指时间。

【译文/点评】此由江边梅树渐渐发芽吐蕊的景象着笔，由此及彼感叹时间易逝，又是一年过去，人老头白。

江南几度梅花发，人在天涯鬓已斑。

【注释】出自金·刘著《鹧鸪天》词。发，开。鬓已斑，头发变白、年老。

【译文/点评】此写人在天涯、思念江南而发白人衰的悲情。

嗟我白发，生一何早。

【注释】出自三国魏·曹丕《短歌行》。嗟，感叹。一何，多么。

【译文/点评】感叹我的白发，怎么生得这么早。这是魏文帝曹丕感叹岁月易逝、人生易老之辞，读之颇能让人“心有戚戚焉”。

今年花似去年好，去年人到今年老。

【注释】出自唐·岑参《韦员外家花树歌》。

【译文/点评】此写花好依旧、人渐变老的感悲之情。

今朝开镜匣，疑是别逢人。

【注释】出自唐·李崇嗣《览镜》。

【译文/点评】此言揽镜自照而突见老态的惊疑之情。

经行几处江山改，多少亲朋尽白头。

【注释】出自宋·辛弃疾《鹧鸪天》词。经行，经过。

【译文/点评】此以侧笔从“江山改”与“亲朋尽白头”来反衬自己的年已衰老，表面感叹的是时光与他人，实际感叹的是自己。

君不见，高堂明镜悲白发，朝如青丝暮成雪。

【注释】出自唐·李白《将进酒》。青丝，指黑发。暮成雪，指头发变白如雪。

【译文/点评】此写揽镜自照感叹功业未成、早生华发的悲哀之情。

君看老大逢花树，未折一枝心已阑。

【注释】出自唐·元稹《看花》。君，你。老大，年老。阑，残尽。心已阑，指兴致已经消失。

【译文/点评】此写人老了连赏花看树的兴致也消失了，强调的是人在年老时自然的感伤情绪。

苦遭白发不相放，羞见黄花无数新。

【注释】出自唐·杜甫《九日》。黄花，即菊花。

【译文/点评】菊花新开，预示又是一年即将过去。看看怒放的菊花，再摸摸满头的白发，诗人不禁心有惭愧之意。因为老境将至，“致君尧舜上”的人生理想却无从实现。说白发苦苦相逼不相放，这是比拟修辞法的运用，是将头发人格化，从而使头发带有人类的生命情态，遂使表达顿时生动起来。

老病逢春只思睡，独求僧榻寄须臾。

【注释】出自宋·欧阳修《瑞鹧鸪》。榻，坐榻。寄，此指歇息。须臾，一会儿。

【译文/点评】此写诗人老病之时逢春也无兴致，而只想休息的老态。

老病忌拘束，应接丧精神。

【注释】出自唐·杜甫《暇日小园散病将种秋菜督勒耕牛兼书触目》。应接，迎往送来的人际交往。

【译文/点评】此写老病精力不济，既怕礼仪的拘束，又怕迎来送往的麻烦。

老健春寒秋后热。

【注释】出自清·曹雪芹《红楼梦》第五十七回。

【译文/点评】老年人的健壮就像是春天的倒寒与秋天的暑热。意谓老年人毕竟老了，健康是难以持久的。现代人说“人老了就像机器旧了”，其义一矣。

老来疾痛都是壮时落的。

【注释】出自明·吕坤《续小儿语》。疾痛，病痛。壮时，年轻时。落，种下。

【译文/点评】此言人在老年时的疾病源于年轻时的轻忽与体力透支。现代医学提倡防病的思想，与此义相通。

老来万事付无心，巧语不如喑。

【注释】出自宋·戴复古《望江南》词。付无心，不关心。喑（yīn），哑、不能说话。

【译文/点评】此言人老万事不关心、能说会道不如沉默无语。意在劝老人不必多事，颐养天年就好了。

老去悲秋强自宽，兴来今日尽君欢。

【注释】出自唐·杜甫《九日蓝田崔氏庄》。悲秋，对秋景而感伤。强，勉强。自宽，自我宽慰。兴，兴致。尽君欢，与大家一起尽情欢乐。

【译文/点评】此写叹老悲秋而自我宽怀之情，其意是强调尽欢背后更深的悲伤之情。

老去不知花有态，乱来唯觉酒多情。

【注释】出自唐·韦庄《与东吴生相遇》。乱，指乱世与颠沛流离的生活。唯，只。酒多情，指认为酒最好。

【译文/点评】连美丽的花也不知欣赏了，而只靠借酒浇愁度日。这是诗人以拟人修辞法，以“花有态”与“酒多情”并举，从而反衬自己年老而遭逢乱世的悲哀之情，

老去多悲事，非唯见二毛。眼昏书字大，耳重觉声高。

【注释】出自唐·张籍《咏怀》。非唯，不仅。二毛，指头发斑白。耳重，耳聋。

【译文/点评】此写年老发白、眼花、耳聋的生理特征及其悲哀之处。

老去恨春迟，数花期，朝朝暮暮。

【注释】出自宋·陈与义《临江仙》。数花期，朝朝暮暮，即朝朝暮暮数花期。数，计算。花期，花开放的时间。

【译文/点评】此写年老惜春、惜时的心态。

老去怕看新历日，退归拟学旧桃符。

【注释】出自宋·苏轼《除夜野宿常州城外》。历日，即日历。退归，退休归家。拟，准备、打算。桃符，古代习俗，

在一年初一用桃木板写神荼、郁垒二神名，悬于门旁以驱鬼镇邪。后以桃符为春联的别名。

【译文/点评】此写年老怕算时间、喜欢怀旧的心态。

老去一身须爱惜，别来四体得如何？

【注释】出自唐·白居易《得微之到官后书备知通州之事怅然有感因成四章》。四体，四肢。

【译文/点评】人老了要注意爱惜身体，离别以来腿脚还灵便吗？此是问候朋友身体之语，颇有亲切如在目前之感。

怜君一见一悲歌，岁岁无如老去何。

【注释】出自唐·刘长卿《赠崔九载华》。怜，爱惜。君，指头发。岁岁，年年。无如老去何，看着渐渐老去而没办法。

【译文/点评】此写见白发而伤感，却又无可奈何渐渐老去的悲凉之情。

临水不敢照，恐惊平昔颜。

【注释】出自唐·马戴《落日怅望》。平昔，往日。颜，面容。

【译文/点评】此写老而不敢临水照影，怕见衰老之颜的复杂心情，非常细腻逼真，活画出人类怕老的情感共相。

落日心犹壮，秋风病欲苏。

【注释】出自唐·杜甫《九日》。犹，还。苏，康复。

【译文/点评】此写诗人老病之时仍壮心不已的决心。“落日”暗喻老境渐至，“秋风”隐喻病弱之体。

满眼儿孙身外事，闲梳白发对残阳。

【注释】出自唐·窦巩《代邻叟》。

【译文/点评】满眼儿孙，对于老人来说是莫大的幸福。但是，儿孙今后如何，这已不是老人所能料定的了。而今所能做的，便是对残阳梳着稀薄的白发。“白发”与“残阳”，一白一红，但都是哀景。以此二景相映，老人风烛残年、来日无多的形象与心态便昭然若揭了，让人不禁生出无限的感慨。

满眼青山未得过，镜中无那鬓丝何。

【注释】出自唐·杜牧《书怀》。无那，无奈。鬓丝，指白发。

【译文/点评】此写青山常在、岁月匆匆、人生易老的感慨。

明年此会知谁健，醉把茱萸仔细看。

【注释】出自唐·杜甫《九日蓝田崔氏庄》。此会，指重阳节相会。把，握、持。茱萸（zhū yú），一种植物，古代重阳节时有佩茱萸以驱邪益寿的习俗。

【译文/点评】想到明年此时相会不知还有几人健在，不禁让诗人悲上心头。于是，他抓起茱萸仔细端详，希望能由此看出明年到底谁还能佩戴它喝酒赏菊。“醉”之一字，不着痕迹地写出了诗人这种不易为人觉察的心理，一种悲天悯人而又对生命无可奈何的情感自然流露出来。

年在桑榆间，影响不能追。

【注释】出自三国魏·曹植《赠白马王彪》。桑榆间，指日落时余光所在之处。年在桑榆间，指年老时。影响，指影子与声音。

【译文/点评】此言乃是对年老行动迟缓的生理变化的感叹。

平生塞北江南，归来华发苍颜。

【注释】出自宋·辛弃疾《清平乐》。平生，一生。华发苍颜，发白脸黑。

【译文/点评】此写词人一生为国征战、老衰归来的辛苦与老态之状。

其奈无成空老去，每临明镜若为情。

【注释】出自唐·刘禹锡《遥和韩睦州元相公二君子》。其，句首语气词。无成，没有成就。空，徒然。若为情，即难为情、难堪。

【译文/点评】此写老而无成、对镜惭愧之情。

亲朋无一字，老病有孤舟。

【注释】出自唐·杜甫《登岳阳楼》。

【译文/点评】此写与亲朋音讯隔绝、人在他乡、孤苦无依的情状。“无一字”对“有孤舟”，相形对比，益发凸显诗人老境凄凉之状，不禁让人为之涌起深切同情之感。

青春背我堂堂去，白发欺人故故生。

【注释】出自唐·薛能《春日使府寓怀二首》之一。背，背弃、背着。堂堂，公然无顾忌的样子。去，离开。故故，此指接连不断的样子。

【译文/点评】此以拟人修辞法，将青春逝去、老境渐至的悲凉之情生动活泼而又不失幽默地表现了出来，给人留下了非常深刻的印象。

青春留不住，白发自然生。

【注释】出自唐·杜牧《送友人》。

【译文/点评】此写青春难驻、岁月易逝的感慨与无奈。

人老簪花不自羞，花应羞上老人头。

【注释】出自宋·苏轼《吉祥寺赏牡丹》。簪，发簪。簪花，把花插在头上。

【译文/点评】此以拟人修辞法，将花人格化，以花儿羞上老人头来表达年老的悲哀之情。

人生不得长欢乐，年少须臾老到来。

【注释】出自唐·白居易《短歌行》。不得，不能。须臾，一会儿。

【译文/点评】此写人生苦短、转瞬间便由少年而成老翁的感叹。

人生七十古来稀。

【注释】出自唐·杜甫《曲江二首》之二。稀，稀少、稀罕。

【译文/点评】此言人活到七十岁非常不容易。这话虽在现代医学发达的今天显得有些过时，却真实地反映了中国古代人的寿命现状。

人之将疾者，必不甘鱼肉之味。

【注释】出自北齐·刘昼《刘子·贵言》。之（第一个），放在主谓语之间，取消句子的独立性。将疾者，将要生病的人。必，一定。

【译文/点评】一个人将要生病，一定吃鱼肉也觉得无味。此言根据饮食情况便可预见疾病即将发生。

人之生也，与忧俱生。

【注释】出自先秦《庄子·至乐》。之，放在主谓语之间，取消句子的独立性。也，句中语气助词，帮助停顿。俱，一起。

【译文/点评】人生下来就与忧愁一道分不开。此言人生的不易，与俗语“人生不如意事常八九”同义。

日薄西山，气息奄奄，人命危浅，朝不虑夕。

【注释】出自晋·李密《陈情表》。薄，迫近。奄奄（yān），气息微弱的样子。危浅，危险不可持久。

【译文/点评】就像太阳迫近西山一样，只剩一口气而已，生命的终结就在早晚之间。此写一个人行将死亡前的情形。

容貌一日减一日，心情十分无九分。

【注释】出自唐·白居易《见元九》。

【译文/点评】此言容貌日益老态，心情越来越差。此言老而失意的痛苦之情。

如此春来春又去，白了人头。

【注释】出自宋·欧阳修《浪淘沙》。

【译文/点评】此言春去春又来、岁月催人老，感叹的是时光易逝、人生易老。

如今白发如霜草，一饱茫然身已老。

【注释】出自宋·陆游《贫甚作短歌排闷》。如霜草，像霜打过的秋草。一饱茫然，指除了吃饭什么也做不了。

【译文/点评】此以比喻修辞法写年老无能为力、壮志难酬的悲哀之情。

塞上长城空自许，镜中衰鬓已先斑。

【注释】出自宋·陆游《书愤》。塞上长城，用南朝宋大将檀道济自称为抗击北魏的万里长城的典故。空，徒然、白白地。自许，自我期待。斑，白。

【译文/点评】此写诗人空怀北伐恢复中原失地以报效国家的大志而身老不能实现的悲哀之情。

丧贵致哀，礼存宁俭。

【注释】出自南朝宋·范晔《后汉书·显宗孝明帝纪》。

【译文/点评】治丧贵于表达活人对死人的一份哀思，作为一种礼仪的存在应以从俭为原则。此言办理丧事应以节俭为原则。这在今天看来仍是对的，所以仍被大力提倡。

少年把酒逢春色，今日逢春头已白。

【注释】出自宋·欧阳修《春日西湖寄谢法曹歌》。把，持、握。

【译文/点评】把酒对春色，当是人生一大乐事，可是同样的情景、同样的雅事，在少年时代与老年时代则心境肯定大不相同。此诗即写两种情境下把酒对春色的情感情绪差异，强烈地凸显了对韶华已去的年少时光的无限眷恋之情与对老境将至的无奈之情。

少壮几时奈老何，向来哀乐何其多。

【注释】出自唐·杜甫《渼陂行》。

【译文/点评】此言少壮之时并不感到老之将至的悲哀，只有真的老境已至，才会生出很多感慨。

少壮轻年月，迟暮惜光辉。

【注释】出自南朝梁·何逊《赠诸旧游》。轻，轻视、轻忽。年月，时间、时光。迟暮，指年老时。光辉，指光阴、时间。

【译文/点评】此言少年时不知时光的珍贵，年老时才知岁月易逝、时间宝贵。

谁言南国无霜雪，尽在愁人鬓发间。

【注释】出自唐·白居易《酬元员外三月三十日慈恩寺相忆见寄》。

【译文/点评】此以霜雪比喻变白的头发，意在突出自己的忧愁之多与老境已至的悲凉心情。

生者为过客，死者为归人。

【注释】出自唐 · 李白《拟古十二首》其九。

【译文/点评】活着的人就像是个匆匆过客，死去的人就像是回家的人。此言生死乃是平常事，当以达观的态度视之。

手折衰杨悲老大，故人零落已无多。

【注释】出自唐 · 严维《重送新安刘员外》。衰杨，指老柳。古人送别有折柳的习俗。老大，年老。故人，旧识老友。零落，指死。

【译文/点评】折柳相送朋友，已是伤情之事。而折衰柳而送的又是所剩不多的老友，则情何以堪?

树初黄叶日，人欲白头时。

【注释】出自唐 · 白居易《途中感秋》。欲，将要。

【译文/点评】此写诗人见到秋日树叶变黄即将凋零的情景便想到自已头发将白、老境渐至的悲哀，意在感叹人生苦短、岁月不多。

死去何所道，托体同山阿。

【注释】出自晋 · 陶渊明《拟挽歌辞三首》其三。道，说。托体，寄身。阿（ē)，山的转弯处。山阿，山谷。

【译文/点评】死去有什么好说的，无非是寄身于山谷之中。此言死与生是一回事，只不过是寄身的方式有所改变而已，生时是寄生于天地人间，死时是寄身于山谷，表达了诗人对死的坦然与达观的态度。

死人无知，厚葬无益。

【注释】出自汉·王充《论衡·薄葬》。

【译文/点评】此言意在提倡节俭办丧葬。这在今天看来仍是正确的观点。试看今人厚葬豪葬成风，对比两千多年前的汉人之见，实在该惭愧之至。

死生，天地之常理，畏者不可以苟免，贪者不可以苟得也。

【注释】出自宋·欧阳修《唐华阳颂》。之，的。畏者，害怕的人。贪者，贪生怕死的人。苟，苟且。也，句末语气助词。

【译文/点评】死与生，是天地之间的常理，怕死的人不可能因此而苟且幸免不死，贪生的人不可能因此而苟且延长生命。此言生死平常事，当以平常心视之，不必怕死，更不必贪生。

死生亦大矣。

【注释】出自先秦《庄子·德充符》引孔子语。亦，也。矣，句末语气助词。

【译文/点评】死和生，可都是人生的大事啊。此言活着与死亡都不是可以马虎的事，要慎重对待。

死生有命，富贵在天。

【注释】出自先秦《论语·颜渊》。

【译文/点评】生死都由命中定，富贵与否天安排。这是孔子学生子夏所引的一句古语，虽然不一定有科学道理，却体现了一种达观知命的人生态度。有此心态，最起码人在遇到重大挫折时不至于精神崩溃，在不得意之时能保持心态平衡。人生有一种乐观的态度，对健康总是有益无害的。因此，这话在中国自古以来便流传不绝，并长久流传在人们的口中。

死是等闲生也得，拟将何事奈吾何？

【注释】出自唐·元稹《放言五首》其一。等闲，寻常、普通。生也得，活着也行。拟，准备、打算。奈吾何，拿我怎么样。

【译文/点评】此言把生死之事看开，也就没有什么事可以使自己为难了，表现的是诗人对生死的达观、平静的人生态度。

俟河之清，人寿几何？

【注释】出自先秦《左传·襄公八年》引古逸诗。俟（sì），等。之，放在主谓语之间，取消句子的独立性。河清，指黄河变清。古人有一种说法，说黄河变清，天下就太平了。几何，多少。

【译文/点评】等到黄河变清，人的寿命又有多长呢？此言意在感叹天下难得太平，同时也慨叹人生苦短、岁月不多。

岁老岂能充上驷，力微当自慎前程。

【注释】出自唐·韩愈《入关咏马》。充，充当。驷，同驾一辆车的四匹马。上驷，上等马。

【译文/点评】此以咏马而写自己年老力衰而无力担当大任、只能自慎前程的无奈之情。

岁去人头白，秋来树叶黄。搔头向黄叶，与尔共悲伤。

【注释】出自唐·钱起《伤秋》。尔，你。

【译文/点评】此以秋来树叶黄与年老头发白相映衬，强调悲秋伤老之情。

泰山其颓乎，梁木其坏乎，哲人其萎乎。

【注释】出自汉·戴圣《礼记·檀弓上》。其，句中语气助词。乎，句末语气助词。萎，萎谢，此指死。

【译文/点评】泰山将要崩颓了吧，房梁将要毁坏了吧，哲人将病逝了吧。这是孔子以泰山、梁木自比自己老境已至、时日不多的感叹之语，表现的是他一生理想难以实现、生命不复长久的悲情。

天意怜幽草，人间重晚晴。

【注释】出自唐·李商隐《晚晴》。怜，爱。幽草，幽暗处、不为人注意处的小草，此为自比之辞。晚晴，天晚放晴，此喻人生晚年。

【译文/点评】此二句写久雨之后的晚晴景象，妙在不从大处着笔，而从虚处着墨，以不为人注意的小草为着笔点，以拟人修辞法，写出了小草久遭雨潦之后重沐晚照之喜，明是写幽草，实是写自己的心情。同时，从幽草着笔，还有另一层意思，这就是借幽草寄托自己的身世感慨。但是，“人间重晚晴”一句又荡开了伤感之情，表现出一种珍惜短暂而美好事物的积极、乐观的人生态度。

途穷那免哭，身老不禁愁。

【注释】出自唐·杜甫《暮秋将归秦留别湖南幕府亲友》。途穷哭，用魏晋时阮籍穷途而哭的典故。那，哪。

【译文/点评】走投无路时哪里免得了要痛哭呢？人到老年不禁要涌起很多忧愁。此写不得志、身老而忧的悲苦之情。

宛转蛾眉能几时，须臾鹤发乱如丝。

【注释】出自唐·刘希夷《代悲白头翁》。宛转，美好。蛾眉，代指年轻女子。须臾，一会儿。鹤发，白发。

【译文/点评】此言再年轻漂亮的女子都会很快变老的，意在感叹青春易逝、红颜难驻。

未知生，焉知死？

【注释】出自先秦《论语·先进》。未，没有。焉，哪里。

【译文/点评】连生的道理还没弄明白，哪里管得到死的问题呢？这是孔子表明自己对待生死态度的话。由此可见，孔子是个现实主义者，重视现实人生、重视自身努力。用现在的话来说，就是“从我做起，从现在做起，抓住今天”。这个思想在今天看来还是有道理的。

无端满阶叶，共白几人头。

【注释】出自唐·杜牧《夜雨》。

【译文/点评】落叶是植物凋谢的标志，头白是人类生命衰老的表征。此以满阶叶与人头白相对衬，凸显的是对年老体衰的无奈之情。

吾身听物化，化及事则休。当其未化时，焉能弃所谋。

【注释】出自明·钱秉镫《田园杂诗》。吾身，我。听，听从。物化，自然变化，此指生死的自然规律。化及，死亡的时候到了。休，结束、完了。未化，没死。焉能，怎么能。弃所谋，指放弃为生存而要面对的事情。

【译文/点评】生死都是自然事，死到临头万事休。而当死亡未到时，怎能放弃生计事？此言对待生死要有达观的态度，但对于现实生活也应该有积极面对的勇气。

物之有成必有坏，譬如人之有生必有死。

【注释】出自宋·苏轼《墨妙亭记》。之，放在主谓语之间，取消句子的独立性。必，一定。譬如，好比、好像。

【译文/点评】物有建成的时候也就一定有毁坏的时候，这就像人有生就一定有死一样。此以物的成与坏为喻，说明人有生就有死的自然规律。

西夕之景，岂能久留。

【注释】出自唐·刘禹锡《为裴相公让官第一表》。

【译文/点评】夕阳西下的景象虽美，但岂能久留而不消失呢？此言是以比喻修辞法说明老境已至、来日无多的道理。

昔别是何处，相逢皆老夫。

【注释】出自唐·杜甫《赠高式颜》。

【译文/点评】此写别后重逢感伤韶华已逝的悲哀之情。

相看俱衰年，出处各努力。

【注释】出自唐·杜甫《别赞上人》。俱，都。衰年，老年。出处，指出仕与隐居。

【译文/点评】彼此看看都已到了老年，要做官或立志隐居都要抓紧时间了。此言年岁渐长，时日不多，应该做的事要抓紧时间完成。

绣羽衔花他自得，红颜骑竹我无缘。

【注释】出自唐·杜甫《清明二首》其一。绣羽，指有着美丽羽毛的鸟。自得，自认为得意。红颜，指年少的孩子。骑竹，骑竹马，以竹竿为马做游戏。无缘，无分。

【译文/点评】此以鸟儿自在地衔花、少年快乐地骑竹游戏来反衬诗人的老态龙钟，表达其强烈的艳羡青春年少的心情。

血脉不调，人生疾病；风寒不和，岁生灾异。

【注释】出自汉·王充《论衡·谴告》。和，协调。

【译文/点评】此以人体血脉与天象的风寒并举，说明血脉调和对于身体健康的重要性，就如风寒协调才能年成好一样。

一佛出世，二佛涅槃。

【注释】出自明·施耐庵《水浒传》第三十九回。出世，佛家用语，指生。涅槃（niè pán），佛家用语，指死。

【译文/点评】此二句的意思就是死去活来。

一卧东山三十春，岂知书剑老风尘。

【注释】出自唐·高适《人日寄杜二拾遗》。卧东山，用东晋谢安隐居东山，出山后成为名相的典故。三十春，三十年。书剑，代指文韬武略。风尘，此指宦海生涯。

【译文/点评】此言隐居不出三十年，文韬武略全才的人岂不白白老去？意在劝人年轻时应该及时进取、报效国家、有所作为。

有病于内者，必有色于外。

【注释】出自汉·刘安《淮南子·俶真训》。

【译文/点评】有病疾在体内的，一定会有异常的气色表现于外部。此言通过察看人体外部可以窥知人体内部有否疾病。中医“望、闻、问、切”四法中的“望”，正是基于这一原理的由表及里的诊断方法。

有生必有死，早终非命促。

【注释】出自晋·陶渊明《拟挽歌辞三首》其一。必，一定。终，死。促，短促。

【译文/点评】有生就一定有死，早死也并不是短寿。此言死亡之不可免，表现了诗人对生死的达观态度。

与老无期约，到来如等闲。

【注释】出自唐·刘禹锡《答乐天见忆》。期约，约定。等闲，无所谓、随意。

【译文/点评】此言年老岁月将至而听其自然，反正跟年老没有期约，表达了诗人对老境将至的一种超然达观的心态。

雨中黄叶树，灯下白头人。

【注释】出自唐·司空曙《喜外弟卢纶见宿》。

【译文/点评】黄叶树是秋天的景色，白头人是年老之镜像。此以“黄叶树”与“白头人”对举，意在以树写人，感叹年老无助、生命行将结束的悲哀之情。“雨中”与“灯下”的背景衬托，更强化了这种悲哀的情绪氛围。从形式上看，“雨中”对“灯下”、“黄叶树”对“白头人”，对仗极其工整。因此，无论是从意境上看，还是从形式上看，这都是极其优美的诗句，其所具有的审美价值都极高。

猿声催白发，长短尽成丝。

【注释】出自唐·李白《秋浦歌》其四。成丝，指头发变白。

【译文/点评】猿声叫来使人有悲伤之感，那是人的移情作用。听到猿声而头发变白，那是诗人悲从中来的结果，是诗人为老之将至却功业未成而忧虑的结果。

朝来明镜里，不忍白头人。

【注释】出自唐·刘长卿《正朝览镜作》。

【译文/点评】此写早上揽镜见白发而心有不忍、不甘的伤感之情。

只言旋老转无事，欲到中年事更多。

【注释】出自唐·杜牧《书怀》。旋，立即、马上。

【译文/点评】只说马上年老就可以清闲无事了，没想到人到中年事情更多。此言人到中年事转多的烦恼之情。

只知事逐眼前去，不觉老从头上来。

【注释】出自唐·罗隐《水边偶题》。老从头上来，指头发变白。

【译文/点评】此言人事夺光阴、不知不觉间人就老了，意在感叹岁月不居、青春易逝。

朱颜今日虽欺我，白发他时不放君。

【注释】出自唐·白居易《戏答诸少年》。朱颜，代指年少。他时，将来。君，你、你们。

【译文/点评】此言人都难逃衰老的命运，少年人不要太得意，将来你们也有年老头白的时候，意在感叹人生易老、岁月苦短。

朱颜君未老，白发我先秋。

【注释】出自唐·李白《忆襄阳旧游赠马少府巨》。朱颜，指年轻的容貌。君，您。秋，此指像秋天一样衰退。

【译文/点评】此以朋友的青春年少与自己的老态作比对，突出强调其伤老之情。

壮心与身退，老病随年侵。

【注释】出自唐·王维《送韦大夫东京留守》。侵，逐渐。

【译文/点评】此言随着老境渐至，早年的壮志与身体一起衰退下去了，意在感喟人生易老、壮志难酬。

昨别今已春，鬓丝生几缕。

【注释】出自唐·韦应物《长安遇冯著》。今已春，指又过了一年。

【译文/点评】此言岁月过去一年，白发就多添几缕。以生机勃勃的春天反衬日益增添的白发，益发显出感伤衰老的主旨。

昨日之日不可追，今日之日须臾期。如此如此复如此，壮心死尽生鬓丝。

【注释】出自唐·卢仝《叹昨日三首》之一。追，挽回。须臾，一会儿。期，期满。复，又。生鬓丝，生白发，指老境已至。

【译文/点评】此写时光荏苒、老境已至、壮志难酬的悲哀之情。

修身养性

白首归来种万松，待看千尺舞霜风。

【注释】出自宋·苏轼《寄题刁景纯藏春坞》。

【译文/点评】白头归乡种万松，不为别的，只是要等它们长成，好看它们在风霜中枝条舞动的样子。这是诗句表层的意思，深层的意思是表达君子修德、老而弥坚的决心。因为松柏在中国古代是孤直、高洁之士的人格象征。

百人誉之不加密，百人毁之不加疏。

【注释】出自宋·苏洵《远虑》。密，亲密。疏，疏远。

【译文/点评】不因为众人的称誉，就跟他关系亲密起来；也不因为众人的诋毁，而对他疏远起来。此言君子自有独立的见解，思想观点不为外人所左右。

百行以德为首。

【注释】出自南朝宋·刘义庆《世说新语·贤媛》。百行，指各种道德品行。

【译文/点评】此言一个高尚的人应该以修炼崇高的品德为做人的第一追求。

不党父兄，不偏贵富，不嬖颜色。

【注释】出自先秦《墨子·尚贤中》。党，偏袒。贵富，指达官贵人、有权势的人。嬖（bì），宠爱。颜色，指美色、女色。

【译文/点评】不包庇亲属，不偏袒权贵，不沉溺于女色。此言意在警诫统治者应当以尊重贤士为首务，处事应当公正、远离女色。

不贵于无过，而贵于能改过。

【注释】出自明·王守仁《教条示龙场诸生》。贵，贵于。过，过错。

【译文/点评】一个人的可贵之处不在于他不犯错，而是犯了错误能勇于改正。此言知错即改便是君子风范。

不患人之不己知，患不知人也。

【注释】出自先秦《论语·学而》。患，担心、怕。之，助词，放在主语与谓语之间，取消句子的独立性。不己知，即“不知己”的倒装，意为不了解自己。也，句末语气助词。

【译文/点评】不要担心别人不了解自己，要担心的是自己对别人不了解。这是孔子教育学生的话，其意是说为人要严于律己，不要苛求别人。这是一种崇高的道德修养，今天仍是我们每个人做人应该秉持的信条。

不患人之不己知，患其不能也。

【注释】出自先秦《论语·宪问》。患，担心、怕。之，放在主谓语之间，用于取消句子的独立性。不己知，即“不知己”的倒装，意为不了解自己。其，指自己。不能，指没有能力。也，句末语气助词。

【译文/点评】不要担心别人不了解自己，要担心的是自己没有能力。这是孔子教育学生的话，强调的是个人的能力培养。用今天的话来说，就是“打铁还得自身硬”，不怕人不知，就怕自己没本事。

不患位之不尊，而患德之不崇；不耻禄之不夥，而耻智之不博。

【注释】出自南朝宋·范晔《后汉书·张衡传》。患，担心。崇，高。耻，以……为耻。夥（huǒ），多。博，广。

【译文/点评】不担心自己的地位不尊贵，而怕自己的德望不够高；不以自己的俸禄不多为耻，而以自己的才智不够为耻。此言君子应该重视道德修养，淡泊名利富贵。

不患无位，患所以立；不患莫己知，求为可知也。

【注释】出自先秦《论语·里仁》。患，扰心、怕。无位，没有官位。立，指立身处世的才能。己知，即“知己”的倒装，意即了解自己。求，追求。也，句末语气助词。

【译文/点评】不怕没官位，就怕自己没有可以担当大任的才能；不必担心别人不了解自己，应该担心的是如何修炼自己，提升才能，以便让别人知道自己有担当大任的能力。这是孔子所阐明的处世为人的原则。用今天的话来说，就是“不怕无位，就怕无能”，“打铁还得自身硬”。

不汲汲于富贵，不戚戚于贫贱。

【注释】出自汉·班固《汉书·扬雄传》。贫，指没钱。贱，指没有地位。

【译文/点评】不为富贵而着急，不因贫贱而悲愁。此言君子“富贵不能动其心、贫贱不能移其志”的人生态度，体现了君子淡然、超然的处世境界。

不汲汲于虚名，不戚戚于卑位。

【注释】出自唐·骆宾王《上吏部裴侍郎书》。汲汲(jí)，心情急切的样子。戚戚，忧愁悲伤的样子。

【译文/点评】对于虚名淡然处之，不急切求成；对于身处低位，也不整天忧愁悲伤。此言君子对于名位的达观超然的态度。

不可以己所能而责人所不能。

【注释】出自晋·陈寿《三国志·魏书·王修传》裴松之注引王隐《晋书》。责，要求。

【译文/点评】不能以自己的特长而要求别人所不擅长的。此言为人处世要有“严于律己，宽以待人”之心。

不愧于人，不畏于天。

【注释】出自先秦《诗经·小雅·何人斯》。

【译文/点评】没做过有愧于人的事，自然不必畏惧上天的惩罚。此与今日我们所说的俗语“为人不做亏心事，不怕半夜鬼敲门”，其义一矣，皆是劝人莫行亏心事的金玉良言。

不立异以为高，不逆情以干誉。

【注释】出自宋·欧阳修《纵囚论》。干，求。

【译文/点评】不标新立异而显德高，不违背情理而求取名誉。此言德高望重、令名佳誉都不是可以虚得的，君子求名誉当以修身养性为唯一的途径。

不迁怒，不贰过。

【注释】出自先秦《论语·里仁》载孔子语。贰过，相同的错误。

【译文/点评】不迁怒于他人，不犯相同的错误。此言君子为人应该勇于承担，有问题先从自身找原因，而不迁怒于人；犯了错误要吸取教训，不能知错不改。

不闻大论，则志不宏；不听至言，则心不固。

【注释】出自汉·荀悦《申鉴·杂言下》。大论、至言，皆指深刻有见解的圣人之言。则，那么、就。宏，大。固，指坚定。

【译文/点评】不听圣人深刻宏大的教导，那么就不能树立宏大的志向，不能有坚定的意志。此言修身养性、有所作为，就应该从前代圣哲之言中吸取教诲。

不以其所能者病人，不以人之所不能者愧人。

【注释】出自汉·戴圣《礼记·表记》。病，使人为难，责备。愧，使人羞愧，讥笑。

【译文/点评】不以自己所能去责备人，不以他人所不能去讥笑人。此言君子修身的原则，即要严以责己、宽以待人。

不以人之坏自成，不以人之卑自高。

【注释】出自晋·陈寿《三国志·魏书·文帝纪》裴松之注引《献帝传》。以，用。坏，指失败。卑，低卑。

【译文/点评】不要以别人的失败来显示自己的成功，不要以别人的低卑来反衬自己的高大。此言为人应该谦虚低调，要对弱者有同情之心。

不以一毫私意自蔽，不以一毫私欲自累。

【注释】出自宋·朱熹《四书集注·中庸第二十七章》注语。以，因。蔽，蒙蔽。累，牵累、影响。

【译文/点评】不因为有一毫的自私之意而使自己清明的心灵受蒙蔽，不因为有一丝的私欲而使自己的人格受影响。此言君子修身务须去除“私意”、“私欲”，才能使人格修养臻至一个崇高的境界。

不义而富且贵，于我如浮云。

【注释】出自先秦《论语·述而》。不义，不正当。而，却。且，而且。于，对于。如，像。

【译文/点评】以不正当的手段而获取的富贵，对我来说，就像是天上飘动的浮云。这是孔子坚持理想、不为外力所动摇的信念的宣言。它以天上浮云飘忽无根比喻不义之举所获富贵的非正当性、不可取，目的是强调君子的人格、道德修养。主张谋富贵当以保持人格尊严、维护道德为前提，这在今天仍然是值得借鉴的正确的人生观与名利观。

不诱于誉，不恐于诽。

【注释】出自先秦《荀子·非十二子》。

【译文/点评】不被荣誉所诱惑，不为诽谤中伤之言所吓倒。此言不求虚荣、不做亏德之事，自然可以堂堂正正、问心无愧地做人。

不忮不求，何用不臧？

【注释】出自先秦《诗经·邶风·雄雉》。忮（zhì），忌恨、害人。求，贪。臧，善、好。

【译文/点评】你若没有害人之心，不贪得无厌，哪有事情不顺意呢？这话与今天我们所说的“身正不怕影子斜”、“为人不做亏心事，不怕半夜鬼敲门”的俗语，其义一矣，是最古的劝人堂堂正正、光明磊落做人的劝世良言。

不自大其事，不自尚其功。

【注释】出自汉·戴圣《礼记·表记》。尚，推崇、张扬。

【译文/点评】不夸大自己所做事情的重要性，不张扬自己的功劳。此言为人应当低调谦虚的道理。

不自伐，故有功；不自矜，故长。

【注释】出自先秦《老子》第二十二章。伐，夸耀。故，所以、因此。矜（jīn），骄傲。长，指长进。

【译文/点评】不自我夸耀，所以才能立功；不自大骄傲，所以才能进步。此言谦虚谨慎才能使人事业有成、成长进步。

超然不累于物。

【注释】出自宋·苏辙《超然台赋叙》。超然，超脱的样子。累，牵累。物，指尘世的欲念。

【译文/点评】此言一种超然物外、不为尘世俗念所牵绊的修身养性的最高境界。

成人不自在，自在不成人。

【注释】出自宋·歌谣谚《朱熹引谚教人》。成人，指成为有用的人才。自在，自由舒服。

【译文/点评】此言一个人要想成为有用之才，就须加强自身修养，不可放纵自己。

达亦不足贵，穷亦不足悲。

【注释】出自唐·李白《答王十二寒夜独酌有怀》。达，得意。贵，重视、崇尚。穷，不得意。亦，也。

【译文/点评】此言富贵发达也没什么值得得意傲人的，贫困不得志也不必悲观失望。意在劝人看淡功名利禄，安贫乐道。

大人不华，君子务实。

【注释】出自汉·王符《潜夫论·叙录》。大人、君子，都指有地位、有道德的人。

【译文/点评】此言君子为人处世应该追求务实，而不能华而不实。

大丈夫所守者道，所待者时。

【注释】出自唐·白居易《与元九书》。大丈夫，此指有志之士。道，指儒家的思想主张。

【译文/点评】大丈夫所应坚守的是“道”，所应当等待的是“时”。此言坚守“道”，又善于等待时机、相时而动的人，才能算得上是大丈夫。

道高益安，势高益危。

【注释】出自汉·司马迁《史记·日者列传》。道，指道德。益，更加。势，指权势。

【译文/点评】道德越高尚，处世就越安全；权势越显赫，处世就越危险。此言道德高尚能够征服人心，所以处世就能立于不败之地；靠权势运作而处世，总有时过境迁之虞，所以危险性就很大。

得志，与民由之；不得志，独行其道。

【注释】出自先秦《孟子·滕文公下》。得志，志向实现。与，偕同。由，经由。之，指“道”。

【译文/点评】能够实现自己的理想，就偕同老百姓一同循大道前进；不能实现自己的愿望，就洁身自好、坚持原则，走好自己的路。这是孟子对于君子人格修养的要求，其意与他所说的“穷则独善其身，达则兼济天下”的思想一致，对中国历代读书人都有着深刻的影响。

德不孤，必有邻。

【注释】出自先秦《论语·里仁》。德，指有道德之人。

邻，邻居、同伴。

【译文/点评】道德高尚的人一定不会孤单，相信天下总有与他志向相投者。这是孔子勉励后来者加强道德修养的话。这话既反衬出孔子在春秋时代那种周礼崩坏、道德沦丧的环境中始终高举道德大旗的孤独之情，也可见出他追求理想的执着之情，仿佛让人看到了两千多年前一个高揭道德大旗独行者坚拔不屈的身影。

地势坤，君子以厚德载物。

【注释】出自先秦《周易·坤》。坤，六十四卦之一。君子，此指道德高尚的人。

【译文/点评】坤卦象征大地，君子应该效法大地，以宽厚的胸怀承载万物。此乃劝人修身进德、加强自身修养之言，意在勉励人们要有虚怀若谷的品德和包容万物的胸襟。

饭疏食，饮水，曲肱而枕之，乐亦在其中矣。

【注释】出自先秦《论语·述而》。饭，吃。疏食，糙米饭。曲，弯曲。肱（gōng），胳膊。亦，也。矣，句末语气助词。

【译文/点评】吃糙米，喝清水，弯起胳膊当枕头，也有快乐在其中。这是孔子自述对于生活的观点。这种安于清贫的生活观，既是一种达观的财富观，更是一种高尚的人生观。如果大家都有如此达观的心态，那么社会上就会少很多见财起意、杀人越货的歹人，贪渎公帑之人也会少不少。可见，孔子的这种生活观是永远值得推而广之的。

非我而当者，吾师也；是我而当者，吾友也；谄谀我者，吾贼也。

【注释】出自先秦《荀子·修身》。……者，……也，古代汉语的一种判断句形式，相当于“……是……”。非，非议、批评。当，恰当、正确。吾，我。是，肯定。谄谀（chǎn yú），巴结讨好。贼，仇人。

【译文/点评】批评我而又批评得恰当的，他便是我的老师；肯定我而又实事求是的，他便是我的朋友；讨好奉承我的，他便是我的仇人。此言修身养性要有闻过则喜的雅量，要亲近正人君子而远离谄谀小人。这样，才会有利于自己道德的修炼进步。

富贵不淫贫贱乐，男儿到此是豪雄。

【注释】出自宋·程颢《偶成》。淫，过分、无节制、纵欲。贫，经济困难。贱，没有地位。

【译文/点评】此言男子汉大丈夫修身养性到了无论贫富、贵贱都能处之泰然而不会改变心志的地步，就是真正的豪杰了，意在勉励有志男儿当以孟子所说的“富贵不能淫，贫贱不能移、威武不能屈”的标准要求自己。

富润屋，德润身。

【注释】出自汉·戴圣《礼记·大学》。润，滋润，此指有利于。屋，指家庭成员。身，自己。

【译文/点评】财富丰厚可以使家庭生活好，道德高尚可以使自己的人格受人敬仰。此言修德比获财更有意义。

富与贵是人之所欲也，不以其道得之，不处也；贫与贱是人之所恶也，不以其道得之，不去也。

【注释】出自先秦《论语·里仁》。是，这。欲，希望。道，正当的手段或途径。处，停留、居住，这里指要、留恋。恶（wù），厌恶、讨厌。去，去掉，这里指舍弃、嫌弃。

【译文/点评】富贵（即财富与官位）是人人都想的，如果谋取的手段不正当，那是不应该留恋的；贫贱是每个人都不想的，但是没有正当的途径摆脱这种窘境，那也是不能嫌弃的。这是孔子关于如何处理个人利益与社会利益关系的见解，其所强调的谋取利益的正当性，是有普遍意义的，在任何社会都是如此。否则，人人都为了谋取自己的利益而不择手段，社会便会无序，天下便会大乱。如此，何来人类社会的发展与进步？古人强调“生财有道”，今日我们强调“劳动致富”，都是孔子上述思想的翻版。

高山仰止，景行行止。

【注释】出自先秦《诗经·小雅·车辖》。止，语气助词。景行，大路。

【译文/点评】见到高山仰头望，见到大路往前走，此写迎亲时的快乐心情。后世引申运用，前句表示对崇高道德的仰慕，后句表示做事做人光明正大。

告我以吾过者，吾之师也。

【注释】出自唐·韩愈《答冯宿书》。吾，我。过，过失、过错。之，的。……者，……也，古代汉语的判断句形式之一，相当于“……是……”。

【译文/点评】把我的过错告诉我，他就是我的老师。此言对于能指出自己过错的人，被批评者应当虚心接受，并视之为师，这才是君子的风度，这才是闻过则喜的雅量。

苟能修身，何患不荣。

【注释】出自汉·班固《汉书·东方朔传》。苟，如果。患，担心。

【译文/点评】如果能够加强自己的道德修养，哪里还怕不能有显要的地位呢？此言要想提高自己的社会地位或获得荣华富贵，就应修身养性，先做个正人君子。

苟日新，日日新，又日新。

【注释】出自汉·戴圣《礼记·大学》。苟，如果。

【译文/点评】如果有朝一日道德上能够获得更新提升，那就要争取每天都能自新，而且要不断地努力，以期有更大的提升进步。这是《礼记》引商王成汤自励道德的《盘铭》上的文字，意在劝人修身进德。

古人云此水，一歃怀千金，试使夷齐饮，终当不易心。

【注释】出自晋·吴隐之《酌贪泉赋诗》。云，说。此水，指贪泉，在广州附近的石门，据说人喝了此泉水便会变得贪得无厌，故称贪泉。歃（shà），用嘴吸取、喝。怀千金，指贪得无厌。夷齐，指周朝的隐士伯夷、叔齐。易心，改变心志。

【译文/点评】此言一个人是否贪婪，关键在于其自身修养，而不在于外界环境的影响，意谓加强个人道德修养是防腐拒变的根本途径。

贵贱之于身也，犹条风之时丽也；毁誉之于己，犹蚊虻之一过也。

【注释】出自汉·刘安《淮南子·俶真训》。也，句中或句末语气助词。犹，像。条风，树枝上的风。丽，附着、依附。虻（méng），一种生活于草丛中的小昆虫，雄性吸植物的汁液，雌性吸人畜的血。

【译文/点评】身份的贵贱对于自己来说，就像是不时吹过枝条的轻风；是诋毁，还是称誉，对于自己就像是蚊虻叮了一下而已。此言君子对于贵贱、毁誉达观超然的人生态度。就如古人所说的“富贵于我如浮云”的境界，表现了一种淡泊名利的人格追求。

过而不改，是谓过矣。

【注释】出自先秦《论语·卫灵公》。过，过错。而，却。是，这。谓，叫作。矣，了。

【译文/点评】有了过错却不改正，这才真正叫作错了。这是孔子所提出的对待错误的态度，认为“过而能改”才是正确的出路。这话永远值得我们记取。

过则勿惮改。

【注释】出自先秦《论语·学而》载孔子语。过，过错。则，就。惮，怕。

【译文/点评】有过错就要勇于改正，意谓犯错并不可怕，怕的是错了而不改，甚至讳疾忌医，明知是错了，却要维护所谓的面子或自尊心而紧捂盖子。这样，错误便永远是错误，永远不得进步。

患名之不立，不患年之不长。

【注释】出自晋·陈寿《三国志·魏书·贾逵传》。患，担心、怕。

【译文/点评】只担心好的名声树立不起来，不怕自己比别人年少。此言年资辈分并不重要，重要的是修身养性，树立起好的名声。

饥不从猛虎食，暮不从野雀栖。

【注释】出自汉·杂曲歌辞《猛虎行》。从，跟从。猛虎，此喻指作恶之人。野雀，此喻指卑鄙小人。

【译文/点评】饿死也不与猛虎一起去吃人，晚上无处栖身也不能与野雀同栖一林。此以比喻修辞法，形象地说明了这样一个做人的道理：衣食温饱的生存问题固然重要，但做人的原则与人格尊严则更为重要。

己善，亦乐人之善也；己能，亦乐人之能也。

【注释】出自汉·戴德《大戴礼记·曾子立事》。亦，也。乐，乐于。能，有能力。也，句末语气助词。

【译文/点评】自己好，也乐见别人好；自己有能力，也乐见别人有能力。此言人要有宽厚之心，要有宽广的胸怀，要有推己及人的雅量，切不可心胸狭窄、妒贤嫉能。

己之虽有，其状若无；己之虽实，其容若虚。

【注释】出自唐·吴兢《贞观政要·谦让》载孙颖达语。若，像。

【译文/点评】自己虽有，但像是没有；自己虽满，但像是虚。此言为人应当以谦虚为做人的准则。

己之所无，不以责下；我之所有，不以讥彼。

【注释】出自汉·王符《潜夫论·交际》。之，结构助词，放在主谓语之间，取消句子的独立性。以，即“以之”的省略，“之”指代“己之所无”的能力。责，要求。我，指自己。

【译文/点评】自己不能做到的，不能要求属下做到；自己有某方面的能力，不能以此嘲笑别人没有。此言为人处世应该“严于律己，宽以待人”的道理。

见利争让，闻义争为，有不善争改。

【注释】出自隋·王通《文中子·魏相》。

【译文/点评】见到利益就相让，听说义事就争做，有了缺点就争改。此言君子崇高的道德修养境界。

见善如不及，见不善如探汤。

【注释】出自先秦《论语·季氏》。善，好的事情。如，像。不及，赶不上、来不及。不善，不好的事情。探，伸手取东西。汤，开水。

【译文/点评】看见好的事，就像是怕来不及似的马上付诸行动；见到不好的事，就像是将手放入开水锅里一样，马上避开。这是孔子教导学生如何“去恶向善”、加强品德修养的话，今天仍是我们加强自身道德修养时必须记取的。

见善思齐，足以扬名不朽；闻恶能改，庶得免乎大过。

【注释】出自唐·吴兢《贞观政要·教诫太子诸王》。思齐，想着向其看齐。庶，庶几、差不多。免乎，免于。

【译文/点评】看见别人好的方面，就想着向其学习看齐，这就足以进步而扬名后世了；知道自己错误的地方马上就改正，这差不多就能免于再犯大错了。此言见好就学、有过则改，才能使人进步。

见善则迁，有过则改。

【注释】出自先秦《周易·益》。则，就。迁，迁移、靠近。

【译文/点评】见到别人好的方面就向其看齐，知道自己哪里有过错就勇于改正。此言修身养性就是要见善思齐、有过则改。

见贤思齐焉，见不贤而内自省也。

【注释】出自先秦《论语·里仁》。贤，指贤德之人。齐，看齐。焉，于此。自省，自我反省。

【译文/点评】见到有贤德之人就想着向他看齐学习，见到不贤的人，就反省自己有没有他那种不良的德行。这是孔子所提出的加强自身修养的千古明训，永远值得我们记取。

交绝无恶声。

【注释】出自晋·陈寿《三国志·蜀书·刘封传》裴松之注引《魏略》。

【译文/点评】朋友做不成，交情断绝，也不要说出难听的话。此言做人要有君子风度。

尽己而不以尤人，求身而不以责下。

【注释】出自唐·吴兢《贞观政要·公平》。尤，责怪。责，要求。

【译文/点评】尽自己最大的努力而不以此责怪他人，严格要求自己而不以此要求属下做到。此言严于律己、宽以待人的人格境界。

静以修身，俭以养德。非淡泊无以明志，非宁静无以致远。

【注释】出自三国蜀·诸葛亮《诫子书》。以，表示目的的连词。非，不。淡泊，不追求、看淡。明，使明。致，达到。

【译文/点评】宁静可以修炼身心，节俭可以培养道德。没有看淡一切的心态就难以使志向显明，没有宁静的心绪就难以实现远大的目标。此言宁静才能避免心气浮躁，节俭才能培养清心寡欲的情操。看淡功名利禄等世俗之物，才能明白自己真正的志趣所在；以宁静的心绪思考问题，才能头脑清醒，从而思虑周密，有利于实现远大的目标。

救寒莫如重裘，止谤莫如自修。

【注释】出自晋·陈寿《三国志·魏书·王昶传》。救寒，避免受寒。裘，皮衣。莫如，不如。止谤，使别人停止攻击诽谤。自修，加强自身修养。

【译文/点评】要防止身体寒冷，不如穿上加厚的皮衣；

要制止别人的诽谤，最好的方法莫过于加强自身修养。此以身寒换皮衣为喻，说明要想使自己免遭他人非议，最好的办法是加强自身道德修养，让人无话可说。

居不求安，食不求饱，进有忧国之心，退有死节之义。

【注释】出自汉·班固《汉书·盖宽饶传》。

【译文/点评】生活不求安逸，吃饭不求腹饱，做官得志之时有忧国之心，贫贱为民时有为节义而死的勇气。此言君子高风亮节的风范。

居上位而不骄，在下位而不忧。

【注释】出自先秦《周易·文言·乾》。

【译文/点评】身处高位、春风得意而不得意傲人，地位卑微、身处逆境而不忧叹自卑。此言君子修身的境界。

君子不镜于水而镜于人。镜于水见面容，镜于人则知吉与凶。

【注释】出自先秦《墨子·非攻中》引古谚。镜，照镜。

【译文/点评】君子不以水为镜而照影，而以人为镜子以自省。以水为镜，只能照见面容的美丑；而以人为镜，则能知道吉凶。此以照镜为喻，说明借鉴于别人的教训，不断反省自己，对修身养性、趋吉避凶的重要性。

君子不失足于人，不失色于人，不失口于人。

【注释】出自汉·戴圣《礼记·表记》。失足，指行为举止不当。失色，指对人态度不当。失口，指言语不当。

【译文/点评】君子对于他人不表现出失当的举止、失当的态度、失礼的言语。此言君子应当加强道德修养，凡事要合于“礼”。

君子不怨天，不尤人。

【注释】出自先秦《孟子·公孙丑下》。尤，怨恨、责怪。

【译文/点评】君子不埋怨上天，不责怪别人。这是孟子对君子提出的要求，其意是凡事要勇于自己承担，多反省自己的所作所为。这是一种高尚的道德境界，也是为人修身养性的处世之道，在今天仍有相当的参考价值。

君子独立不惭于影，独寝不惭于魂。

【注释】出自先秦《晏子春秋·外篇八之四》。惭，惭愧。

【译文/点评】君子内省自己言行没有过错，就能独站于阳光之下不怕影子斜，独眠一室而不会觉得内心有不安。此言君子修身应以达到问心无愧的境界为目标，与《诗经·小雅·何人斯》所说“不愧于天，不畏于人”同义，亦是源于此。

君子固穷，小人穷斯滥矣。

【注释】出自先秦《论语·卫灵公》。固，坚持。穷，贫穷，此指困境。固穷，即安守困境。斯，那么、就。滥，本指大水溢出，此指无节制、胡来。矣，了。

【译文/点评】君子在困境中还能够安守本分，小人就要胡作非为了。这是孔子就君子与小人在困境中的表现所作的人格比较。用今天的话来说，就是“烈火见真金”，关键时刻才能看得出一个人的品格高下。

君子怀德，小人怀土；君子怀刑，小人怀惠。

【注释】出自先秦《论语·里仁》。君子，指道德高尚者。小人，指道德低下者。怀，想、关注。土，土地，此指田宅之类。刑，法度，此代指治国安邦的理想。惠，实惠、物质利益。

【译文/点评】君子想的是道德修养，小人想的是田宅家产；君子关注的是治国安邦，小人关注的是个人利益得失。这是孔子对比君子与小人的思想境界所发的一番议论，也是对君子道德修养提出的要求。

君子惠而不费，劳而不怨，欲而不贪，泰而不骄，威而不猛。

【注释】出自先秦《论语·尧曰》。君子，此指在上位的当权者。惠，实惠、好处。费，耗费。劳，劳苦。怨，怨恨。欲，欲望。贪，贪求。泰，庄重。骄，骄傲自大。威，威严。猛，凶猛、严厉。

【译文/点评】君子让百姓受益而自己并无耗费，使百姓辛劳而并无怨言，自己有欲望而不贪求过分的东西，为人庄重严肃但并骄傲自大，仪表威严但并不对人凶狠。这是孔子对学生子张所阐述的“君子五美”，即从政的五种美德，也是为官的五种原则，在今天仍不失其参考价值。

君子可以寓意于物，而不可以留意于物。

【注释】出自宋·苏轼《宝绘堂记》。寓意，寄托心意。留意，指心意专注。

【译文/点评】此言君子可以寄意于物，但不可专注着意于物。意谓可以借物陶冶情性，但不可玩物丧志。

君子谋道不谋食。

【注释】出自先秦《论语·卫灵公》。君子，指道德高尚者。谋，考虑、追求。道，此指学问、道德。食，代指衣食等物质生活。

【译文/点评】君子追求的是道德学问，而不是衣食温饱。这是孔子劝学之言，意在劝人加强道德学问修养，与其“安贫乐道”的观点相通。在今日追逐物质利益成风的社会背景下，尤其具有现实指导意义。

君子慎其独也。

【注释】出自汉·戴圣《礼记·中庸》。独，指独处的时候。也，句末语气助词。

【译文/点评】君子在自己独处之时特别谨慎自己的行为。此言在无人监督的情况下还能严格要求自己，那才是道德高尚的君子。意在强调君子修身养性贵在发乎内心，而不是故意做给人看的。

君子食无求饱，居无所安，敏于事而慎于言，就有道而正焉，可谓好学也已。

【注释】出自先秦《论语·学而》。君子，指道德修养高的人，即“有德者”，有时也指社会地位高的人，即“有位者”，这里指“有德者”。食，吃。安，安逸。敏，敏锐、敏捷。慎，谨慎。就，接近。有道，指有道者，即有道德、有学问的人。正，纠正。也已，句末语气助词。

【译文/点评】君子吃不求饱足，住不讲究安逸，做事敏捷，说话谨慎，接近有道德学问者，并自觉向他们学习，以纠正自己的错误，这样的君子才可算是真正好学的人。这是孔子对“好学”君子所提出的标准。用今天的话来说，不追求物质上的东西，而只注重精神境界的提升，主动接近有德者并不断提升自己的道德学问修养，才算是真正的君子，才是真正的好学不倦者。这个标准虽然是圣人的境界，但要做到其实也不是太难，只要能有一种安贫乐道的心态，一种好学不倦的精神，即使是最普通的人，也能修炼成圣人。其实，圣人也是人，并非高不可攀，只是要看人们有没有这份心志罢了。

君子坦荡荡，小人长戚戚。

【注释】出自先秦《论语·述而》。君子，道德高尚的人。小人，道德低下的人。戚，忧愁、悲伤的样子。

【译文/点评】君子心胸磊落，表情自然、坦然；小人心术不正，则时露忧愁不安之貌。这是孔子对君子与小人性格、神情特征的区分，与俗语“为人不做亏心事，不怕半夜鬼敲门”有着相同的心理学依据。因为一个人心胸坦荡，没有什么藏着掖着的，自然没有精神负担，神情中自有一种自信的坦然；反之，若一个人心术不正，必然对他人有所防备，表情上自然时有忧愁不安。孔子这是在教人光明正大、正派坦荡做人的道理，在今天仍有借鉴意义。

君子贤而能容罢，知而能容愚，博而能容浅，粹而能容杂。

【注释】出自先秦《荀子·非相》。贤，贤能。容，宽容、容忍。罢（pí），通“疲”，疲乏，此指疲弱无能。知，同“智”，智慧。杂，芜杂。

【译文/点评】君子自己贤能而对他人的疲弱无能也能容忍，自己机智而对他人的愚蠢也可容忍，自己知识广博而对他人的浅薄也能予以宽容，自己道德纯粹而对他人的道德不高也能宽容。此言君子要有容人的雅量，不可以自己的标准衡量一切人。

君子养心莫善于诚，致诚则无他事矣。

【注释】出自先秦《荀子·不苟》。养心，道德修养。莫善于，没有比……好。致，达到。则，就。无他事，此指修身的最高境界。矣，了。

【译文/点评】君子加强道德修养没有比“诚”更重要的，达到了“诚”的要求也就到了修身养性的最高境界了。此言“诚”在修身养性中的重要地位。

君子忧道不忧贫。

【注释】出自先秦《论语·卫灵公》。忧，忧愁。道，学问、道德。贫，没有钱、贫困。

【译文/点评】君子只愁学问不精进，不愁贫困无衣食。这是孔子劝学之语，意在劝人加强学问道德方面的修养，不要太在意物质方面的享受。当然这有些理想主义色彩，在现实中可能行不通。但提倡这种“安贫乐道”的精神，却是任何时代都需要的，毕竟人是要有些精神追求的。

君子有三变：望之俨然，即之也温，听其言也厉。

【注释】出自先秦《论语·子张》。三变，指仪表的三种变化。之，他。俨然，威严庄重的样子。即，接近。也，语气助词。温，温和。厉，严肃。

【译文/点评】君子在仪表方面有三种变化：远远望去，他显得威严庄重；接近他，却感到他亲切温和；听他说话，则觉得义正词严、严肃认真。这是孔子学生子夏所描写的君子应有的仪表风范。今天我们虽没有什么“君子”的名目，但能做到这三点，也算是一个威仪堂堂的人了。

君子有三乐，而王天下不与存焉。父母俱存，兄弟无敌，一乐也；仰不愧于天，俯不怍于人，二乐也；得天下英才而教之，三乐也。

【注释】出自先秦《孟子·尽心上》。焉，于此。无敌，指和睦。也，句末语气助词，帮助判断。怍（zuò），惭愧。

【译文/点评】君子有三种快乐，但是以德政统一天下的政治功绩不包括在这其中。父母都健在，兄弟和睦相处，这是一乐；抬头无愧于天，低头无愧于人，这是二乐；识得天下英才而对其施加教育，这是三乐。此言道德高尚的人是以孝顺父母、和睦兄弟、正派做人、诲人不倦为人生快乐的目标，而不是志在得天下、做人君。

君子有三言可贵而佩之：一曰内疏而外亲，二曰身不善而怨他人，三曰患至而后呼天。

【注释】出自汉·韩婴《韩诗外传》卷二引曾子语。三言，三句话。贵，重视。佩，铭记。之，指三言。曰，叫作。

疏，疏远。亲，亲近。患，灾患。至，到。

【译文/点评】对于君子来说，有三句话应该重视并时刻铭记在心：疏远亲人而亲近外人，这是一忌；自身不好却要归咎埋怨别人，这是二忌；祸患临头才呼天抢地，这是三忌。其意是说，君子一要分清亲疏关系，内外有别；二要严于律己、宽以待人，切不可怨天尤人；三要未雨绸缪，防患于未然。这三句话，在今天看来仍是非常精辟的，值得我们记取。

君子之德风，小人之德草。草上之风，必偃。

【注释】出自先秦《论语·颜渊》。上，即“尚”，“加”的意思。上之风，即加之以风。偃，倒下。

【译文/点评】君子的道德就像是风，小人的道德就像是草。风从草上刮过，草必然倒下。这是孔子在回答鲁国大夫季康子如何治民治国问题时所发表的政见。以风喻君子（指当政者）之德，以草喻小人（指民众）之德，强调当政者的作风、道德对民众的巨大影响、引导作用。今天我们强调领导干部要率先垂范，正是孔子这一思想的体现。

君子之过也，如日月之食焉：过也，人皆见之；更也，人皆仰之。

【注释】出自先秦《论语·子张》。之，的。过，过错。也，语气词。如，像。食，即“蚀”，指日食、月食。焉，语气词。之，它。仰，仰望。

【译文/点评】君子的过错，就像是日食、月食。有了过错，大家都看得见；改正了，大家都仰望他。这是孔子学生子贡的话，是颂扬君子知过能改、光明磊落的态度。这个态度，今天仍是我们每个人应取的态度。

君子周而不比，小人比而不周。

【注释】出自先秦《论语·为政》。君子，这里指道德高尚之士。周，亲密、团结。比，互相勾结。小人，指道德低下者。

【译文/点评】君子出于正道而团结他人，而不愿同流合污以结私党；小人则不然，他们是出于私利而互相勾结，全然不顾道义。这是孔子对君子与小人所作的界定，一针见血，非常有概括性。

可以托六尺之孤，可以寄百里之命，临大节而不可夺也，君子人与？君子人也。

【注释】出自先秦《论语·泰伯》。托、寄，皆指托付。六尺之孤，指未成年人。古人说成年人叫七尺，十五岁以下皆称六尺。这是以身高代人。百里之命，指方圆百里的大国的国政。临，面对。大节，指生死存亡的关键时刻。不可夺，指志向不改变。也，句末语气助词。与，通“欤”，疑问语气词，相当于“吗”。

【译文/点评】可以将幼儿托付给他抚养成人，可以将百里之国的大政托付于他掌理，到了生死存亡的关键时刻，他也不会改变志向，这种人是君子吗？当然是君子。这是孔子学生曾子对“君子”所提出的标准，认为只有既有高尚之德，又有治国安邦之才，还有临危不惧之勇，才算是君子。这个标准与孔子所说有所不同，是相当高的。

宽不可激而怒，清不可事以财。

【注释】出自先秦《尉缭子·兵谈》。以，用。事，事奉。

【译文/点评】心胸宽厚的人是不能因言语相激而使他动怒的，清正廉洁之人是不能用财物打动他的心的。此言只要修身养性到了宽以待人、淡薄财物的境界，就能不怒、不贪。

兰生幽谷，不为莫服而不芳；舟在江海，不为莫乘而不浮；君子行义，不为莫知而止休。

【注释】出自汉·刘安《淮南子·说山训》。莫，没有。服，佩戴。行义，做合乎道义的事。

【译文/点评】兰花生在幽静的山谷，不因为没人佩戴而不香；船在江海之上，不因为没人乘而不浮起于水上；君子仗义行善，不因为没人知道就停止不做。此以引喻修辞法，以兰花与舟的本性为喻，说明君子修德行义应当出于本心而非求人知道的道理。

劳而不伐，有功而不德，厚之至矣。

【注释】出自先秦《周易·系辞上》。伐，夸耀。不德，不自以为有德。厚，人品敦厚。至，最、极点。矣，句末语气助词。

【译文/点评】有功劳而不自我夸耀，不自以为有德，这就是敦厚至极的人品了。此言低调做人、谦虚谨慎才是修身养性的正道。

劳苦之事则争先，饶乐之事则能让。

【注释】出自先秦《荀子·修身》。则，就。饶乐，富裕安乐。

【译文/点评】劳苦的事就争先承担，安乐之事就谦让他人。此言修身的一种境界，与我们今日所说的“吃苦在前，享乐在后”同义。

良贾深藏如虚，君子有盛教如无。

【注释】出自汉·戴德《大戴礼记·曾子制言上》。贾(gǔ)，商人。盛教，此指盛德。

【译文/点评】好的商人家财万贯却深藏不露，让外人看了就像没有；君子有高尚的道德，却让人看不出来。此以良商善藏为喻，说明谦虚低调才是君子应有的风范。

良马不念秣，烈士不苟营。

【注释】出自唐·张籍《西州》。秣（mò)，喂马的饲料。烈士，古代指有志之士。苟营，苟且。

【译文/点评】此以骏马不贪吃马料为喻，说明有志之士处世为人是不会苟且随便的。

临官莫如平，临财莫如廉。

【注释】出自汉·刘向《说苑·政理》。临，面对。莫如，不如。

【译文/点评】面对官职的升降，不如保持一颗平常心；面对金钱等身外之物，不如淡然视之，以保持自己清廉的节操。此言君子修身应看淡功名钱财，才能使自己的人格境界达到一个新的高度。

流而不返者，水也；不以时迁者，松柏也。

【注释】出自宋 · 苏轼《送杭州进士诗叙》。……者，……也，是古代汉语判断句形式之一，相当于现代汉语的“……是……”。以，因为。迁，改变。

【译文/点评】流淌而不回的是水，不因为季节的变化而改变的是松柏。此话意在鼓励新进士要像流水那样有勇往直前的精神，像松柏那样有刚直而不媚世俗的品行。

满招损，谦受益。

【注释】出自先秦《尚书 · 大禹谟》。满，此指骄傲。招，招致。益，好处。

【译文/点评】骄傲自满会招致损失，谦虚谨慎会获益多多。此语与今日我们常说的“谦虚使人进步，骄傲使人落后”同义，都是意在劝人虚心戒骄、修身养性、以期进步。

迷而知返，得道未远。

【注释】出自北齐 · 魏收《魏书 · 高谦之传》引谚语。道，指正途。

【译文/点评】迷路而知道返回，那么离找到正途就不远了。此以迷途知返为喻，说明了这样一个做人的道理：犯了错误能够改正，就能进步，离君子修养的距离就不远了。

目能察黑白，而不见其睫；心能识壮耄，而不觉其形。

【注释】出自明 · 宋濂《燕书四十首》。睫，眼睫毛。壮耄（mào），壮年与老年。

【译文/点评】眼睛能明察黑白之色，却看不见自己的眼睫毛；心里能够分辨壮年与老年的界限，但自己老之将至却全然不觉。此言了解别人容易，了解自己却很难，意在告诉世人应当注意反省自己。

难行之言，当有所必行；而可取之利，当有所不取。

【注释】出自宋·苏轼《策别十二》。

【译文/点评】难以践行的诺言，也有一定要践行的；可以获取的利益，有时也一定不能取。此言君子修身的境界。

内省不疚，夫何忧何惧？

【注释】出自先秦《论语·颜渊》载孔子语。内省，自我反省。夫，发语词，无义。

【译文/点评】自我反省没有愧疚，那有什么忧虑、害怕的呢？这是孔子教导学生的话，意谓只要加强自身修养，不作亏心伤德之事，那么就可心底无私天地宽了。此语与俗语“为人不做亏心事，不怕半夜鬼敲门”之义同矣。

能信，不为人下。

【注释】出自先秦《左传·昭公元年》载赵文子语。

【译文/点评】能够讲信用的人是不会久居人下的。此言意谓：讲诚信，便会赢得别人的信任；而能得到别人信任，就有被众人拥戴而成为领导的机会。其意是鼓励人们讲诚信，积极要求进步。

能修其身，虽小人而为君子。

【注释】出自宋·欧阳修《答李翊第二书》。修其身，指加强自身修养。虽，即使。小人，此指地位低下的人。君子，此指道德高尚、地位崇高的人。

【译文/点评】能够自觉加强自身修养，即使是一个普通人，也能成为一个最优秀的人。此言加强自身修养的重要性。

怒则思理，危不忘义。

【注释】出自汉·刘向《说苑·立节》。则，就。

【译文/点评】生气的时候就想想生气的道理，尽量予以克制；遇到危难的时候，不能只考虑生死而忘了道义。此言君子修身应坚持克制自己、坚持道义的理念。

贫而不谄，富而不骄。

【注释】出自先秦《论语·学而》载子贡语。谄（chǎn），讨好、奉承。

【译文/点评】贫困之时不向人献媚讨好，富贵之后不得意傲人，此言做人应持的两个基本原则。

贫而无怨难，富而无骄易。

【注释】出自先秦《论语·宪问》。贫，贫穷。而，却。无，不。怨，埋怨。骄，骄奢。

【译文/点评】贫穷却不怨天尤人，很难做到；富裕而不骄奢，倒是不难。这是孔子对于人在贫富两种不同状态下的表现的揭示。其主旨是说人们只有在物质上先得到保障后，才会知礼。这个意思与管子所说的“仓廪实则知礼节，衣食足则知荣辱”（《管子·牧民》）同义，皆是强调精神植根于物质基础之上，符合辩证唯物主义的哲学思想。

平生德义人间诵，身后何劳更立碑。

【注释】出自唐·徐夤《经故翰林杨左丞池亭》。何劳，不必费力。

【译文/点评】此言有德义最重要，有德义的人会长留世人心间。

平易恬淡则忧患不能入，邪气不能袭，故其德全而神不亏。

【注释】出自先秦《庄子·刻意》。平易，指为人宽容、待人和蔼。恬淡，指淡泊名利。则，就。故，所以。不亏，饱满。

【译文/点评】为人平易、恬淡，就不会有什么忧患侵入，也不会有邪气袭击，所以道德就会完善、精神就会饱满。此言修身养性达到“平易”、“恬淡”的境界所具有的意义，意在劝人淡泊名利、修德养生。

其穷也不忧，其乐也不淫。

【注释】出自唐·柳宗元《校书郎独孤君墓铭》。其，他，指墓主独孤氏。穷，不得志、失意。也，句中语气助词。淫，过分、无节制、纵欲。

【译文/点评】不得志时不忧愁悲伤，快乐时不纵欲妄为。此言虽是赞扬墓主人格高尚之辞，同时也是对君子修身所提出的一个标准。

谦谦为人，矫矫为官。

【注释】出自唐·韩愈《江西观察使韦公墓志铭》。矫，举起。矫矫，指高高抬头的样子。

【译文/点评】此言做人应当低调谦虚，做官要高调进取。因为做人要讲究态度，而做官则要讲究政绩、作为。

清真寡欲，万物不能移。

【注释】出自南朝宋·刘义庆《世说新语·赏誉》。清真，清纯质朴。寡欲，没有贪欲。移，改变。

【译文/点评】清心寡欲，任何事情都不能改变其意志与志向。此言保持人格气节，最重要的就是要有高洁的志向、廉洁自律的品格。

穷则独善其身，达则兼济天下。

【注释】出自先秦《孟子·尽心上》。穷，指不得志。则，就。善，使……善。达，指得志。济，帮助。

【译文/点评】不得志时就加强自身修养、保持节操，得志时就想到帮助天下人，使天下人受惠。这是孟子的名言，在中国历史上影响甚巨。很多读书人以此为人生信条，不论顺境、逆境都能处之泰然，做到宠辱不惊。因此孟子此言，从心理学上来说，也是一剂很好的心灵妙药。

求名莫如自修，善誉不能掩恶也。

【注释】出自宋·欧阳修《唐王重荣德政碑》。也，句末语气词。

【译文/点评】求取好名誉，不如加强自身修养；不加强自身修养，即使浪得虚名，也掩盖不了自己的恶行。此言好名声并不能浪得，必须加强自我道德修养，实实在在地做出来。

人不知而不愠，不亦君子乎？

【注释】出自先秦《论语·学而》。愠（yùn），怨恨、不满。亦，也。君子，指道德修养高的人，即“有德者”。有时也指社会地位高的人，即“有位者”。乎，疑问语气词，相当于“吗”。

【译文/点评】别人对自己好的方面不了解，并不感到不满，这不正是君子的风范吗？这是孔子所提出的君子的标准。这个标准看起来不怎么崇高，但事实上绝大多数人都是达不到的。现实生活中，许多人做了一点好事或假装做了一点好事，就要满世界人知道，哪里忍受得了做了点好事而默默无闻、道德高过别人一点点而不显摆呢？

人患志之不立，亦何忧令名不彰耶？

【注释】出自南朝宋·刘义庆《世说新语·自新》。患，担心、怕。亦何忧，哪里要担忧。令名，好的名声。彰，彰显。耶，反问语气助词，相当于“呢”。

【译文/点评】人只怕自己没有宏大的志向，哪里怕有了好名声而世人不知道呢？此言为人最重要的是加强自身修养，做出成绩，而不是只想着沽名钓誉。

人谁无过，过而能改，善莫大焉。

【注释】出自先秦《左传·宣公二年》载士会语。焉，于之。

【译文/点评】是人就有犯错的时候，有错就改正，没有比这更好的了。此言一个人犯错并不可怕，怕的是知错而不改；只要知错即改，他一定是个能够修炼好的人。意在鼓励人知错即改，积极要求进步。

人瘦尚可肥，士俗不可医。

【注释】出自宋·苏轼《于潜僧绿筠轩》。

【译文/点评】此言意在诫勉读书人或士大夫切莫太过世俗，应该加强自身修养，树立不同流合污、自标一格的人格风范。

人无衅焉，妖不自作。

【注释】出自先秦《左传·庄公十四年》。衅，缝隙、破绽。焉，语气助词，放在句中，帮助停顿。妖，指怪异之事。作，起来、出现。

【译文/点评】一个人的作为如果没有嫌隙可钻，妖异之事就不会出现。这是申繻在回答郑厉公有关城内蛇与城外蛇斗而死的事件是否危及自己入城的话题时所说的一番话，意在强调国君应该关心的是自己的言行是否合乎“君道”，而不必在意什么神鬼之类的无妄之言。

人贤而不敬，则是禽兽也；人不肖而不敬，则是狎虎也。

【注释】出自先秦《荀子·臣道》。狎（xiá），轻侮。则，那么。是，这。也，句末语气助词，帮助判断。不肖，不贤。

【译文/点评】对于贤人而无敬意，那么这人就是禽兽；对于不贤的人而不敬，那么这是轻侮虎狼的行为。此言意在强调人要有一颗敬贤向善与疾恶如仇之心。

人已古兮山在，泉无心兮道存。

【注释】出自唐·李华《望瀑泉赋》。兮，句中语气助词，相当于“啊”。古，作古、逝世。

【译文/点评】生命有限，青山永在；山水无情，圣道恒存。此言人生虽有限，但圣人所创立的“道”是与天地山水同在。意在阐“道”、明“道”，鼓励人们循“道”而行。

人有喜庆，不可生妒忌心；人有祸患，不可生喜幸心。

【注释】出自明·朱柏庐《治家格言》。

【译文/点评】此言为人应该心存厚道，有成人之美的雅量，有祝福别人的胸襟，有同情他人之心，切不可妒忌心太重，更不该有幸灾乐祸之心。

人有欲，则无刚。刚则不屈于欲。

【注释】出自宋·朱熹《四书集注·论语·公冶长》注引程子语。欲，欲望、贪欲。则，就。

【译文/点评】一个人有贪欲，就不会有过硬的人格。有过硬的人格，也就不会屈服于贪婪。此言君子修身养性务须去除贪欲，才能保证有清廉刚正的人格。成语“无欲则刚”，说的正是此意。俗语“吃人的嘴软，拿人的手短”，其义与此亦有相通之处。

人誉我谦，又增一美；自夸自败，还增一毁。

【注释】出自明·吕坤《续小儿语》。

【译文/点评】别人称赞我，我自己谦虚，这样又添一种美德；自我吹嘘，不仅坏了自己的形象，还给别人诋毁自己添了一个把柄。此言做人还是要以谦虚低调为上策。

人之善恶，不必世族；性之贤鄙，不必世俗。

【注释】出自汉·王符《潜夫论·论荣》。之，放在主谓语之间，取消句子的独立性。世族，世代都是有权有势的人家。必，一定。性，性格。世俗，世代都是平民的家庭。

【译文/点评】一个人是善是恶，是与他是否出身高门望族无关的；一个人是贤德还是低鄙，不一定与他出身普通家庭有关。此言人的善恶、贤鄙与其出身没有必然的联系，而是与他后天的修养有关系。豪门之家也会有败类，贫寒之家也会出贤能。

人之所以异于禽兽者几希，庶民去之，君子存之。

【注释】出自先秦《孟子·离娄下》。几希，很少。庶民，普通老百姓。君子，指道德高尚者。之，它。

【译文/点评】人与禽兽的差异只有很少的一点点，普通老百姓丢弃它，而君子则保存它。这是孟子的话，认为君子与庶民的区别就在于是否保存那一点点与禽兽不同之处，其意是提倡人们修德。

人之为善，百善而不足；人之为不善，一不善而足。

【注释】出自宋·杨万里《庸言》。之，结构助词，放在主谓语之间，取消句子的独立性。为善，指做好事。为不善，指做坏事。

【译文/点评】一个人做好事，做得再多也不为过；而做坏事，只要做一件就够了。此言意在劝人努力为善、力戒为恶。

人之有技，若己有之。

【注释】出自先秦《尚书·秦誓》。之，放在主谓语之间，取消句子的独立性。技，技能、专长。若，像。之，指“技”。

【译文/点评】别人有专长，就像是自己有专长一样。此言为人要有乐见他人贤能而向其看齐的雅量，而不可有嫉贤妒能之心。

日计之而不足，岁计之而有余。

【注释】出自先秦《庄子·庚桑楚》。

【译文/点评】按天计算好像微不足道，按年计算则成就相当可观，此言修身养性、陶冶情性要在长时间内才能见出成效。

日省其身，有则改之，无则加勉。

【注释】出自宋·朱熹《四书集注·论语·学而》注语。省（xǐng），反省。则，就。加勉，加以自我勉励。

【译文/点评】每天反躬自省，有错就改正，无错就自我勉励，再接再厉。此言君子修身应当有高度的自觉性，且要持之以恒。

如切如磋，如琢如磨。

【注释】出自先秦《诗经·卫风·淇澳》。切磋，本指加工玉器骨器，后引申为讨论研究学问。琢磨，本指玉石与骨器的精细加工，后引申为学问道德上钻研深究。

【译文/点评】此二句意思是赞美一位君子的才学道德，说他的学问越来越精湛，道德越来越高尚。这是以玉器与骨器的打磨比喻君子的道德、学问只有不断努力提升才能臻至完美。今日汉语中“切磋”、“琢磨”二词，即源于此。

善不积，不足以成名；恶不积，不足以灭身。

【注释】出自先秦《周易·系辞下》。灭身，指毁掉自己。

【译文/点评】善的方面不积累，就不能成就好名声；坏的方面不积累，就不会毁掉自己。此言好名声的赢得要靠努力不间断地为善，身败名裂的悲剧都是为恶不改的结果，意在劝人为善要持之以恒、有恶行要及时改正。

善不妄来，灾不空发。

【注释】出自南朝宋·范晔《后汉书·杨赐传》。妄，胡乱、没来由。

【译文/点评】好事不会没来由地临头，灾难也不会无原因地发生。此言祸福都是由人所造成的，是“种瓜得瓜，种豆得豆”的结果，有什么样的行为就有什么样的结果。

善不由外来兮，名不可以虚作。

【注释】出自先秦·屈原《楚辞·九章·抽思》。兮，语气助词，相当于“啊”、“呀”。

【译文/点评】善行要靠自己为，非由他人附赠之；名声大小要副实，不可虚假枉得之。这话用今天的话来说，就是“种瓜得瓜，种豆得豆”，“桃李不言，下自成蹊”。一个人的善行要靠自己做出来，不是靠嘴巴吹出来的。一个人的名声好坏也如此，是好是坏，他人心中有数，由不得自己吹嘘枉造。

善积者昌，恶积者丧。

【注释】出自晋·陈寿《三国志·蜀书·后主传》裴松之注引《诸葛亮集》。

【译文/点评】不断积累善行的人就会兴盛发达，不断积累恶行的人就会自取灭亡。此言意在劝人戒恶行善。

善禁者，先禁其身而后人；不善禁者，先禁人而后身。

【注释】出自汉·荀悦《申鉴·政体》。身，指自己。

【译文/点评】善于设置禁令的人，先约束自己的行为，然后再要求别人；不善于设禁的人，先禁止别人，而后再要求自己。此言要求别人的事，最好的办法是自己率先垂范。

善人者，不善人之师；不善人者，善人之资。

【注释】出自先秦《老子》第二十七章。善人，好人。……者，古代汉语的判断句之一，相当于“……是……”。师，教师。不善人，不好的人，坏人。资，借鉴。

【译文/点评】好人是坏人的老师，坏人是好人的借鉴。此言好人、坏人相互之间都可以借鉴学习，坏人可以向好人学习而成为好人，好人借鉴坏人的教训而进一步完善自己。

善也吾行，不善吾避。

【注释】出自唐·韩愈《子产不毁乡校颂》。也，句中语气助词，凑足音节以舒缓语气。吾，我。行，实行。

【译文/点评】好的我就实行，不好的我就避免。此言执政者对于民众的批评要虚心接受，他们认为做得好的方面要继续实行，他们认为不好的方面则要努力避免。

善则称人，过则称己，则民不争。

【注释】出自汉·戴圣《礼记·坊记》。则，就、那么。称，称颂、赞许，此为归功于。过，过失。

【译文/点评】有成绩就归功于别人，有过失就归于自己，那么老百姓就都知谦让而不争了。此言统治者自己加强修养是使民风归于淳厚的前提。用今天的话来说，修身养性，领导应该以身作则，为群众作出榜样。

上士忘名，中士立名，下士窃名。

【注释】出自北齐·颜之推《颜氏家训·名实》。

【译文/点评】此言不同思想境界的士有不同的追求：默默无闻做事而不求名显于世，这是上士的境界；认真做事以立令名，这是中士的境界；不做事而弄虚作假以求虚名，这是下士的境界。

审近所以知远也，成己所以成人也。

【注释】出自先秦·吕不韦《吕氏春秋·孝行览·本味》。审，考察。所以，用以。也，句末语气助词。

【译文/点评】考察近的，是为了了解远的；成就自己，是用以成就别人。此言国君治国安邦要有察近知远的眼光，要有加强自身修养而为民众表率的胸怀。

慎尔言，将有和之；慎尔行，将有随之。

【注释】出自先秦《列子·说符》。尔，你。和，附和。随，跟随。

【译文/点评】对你自己的言语持谨慎态度，就将有人附和你的话；对你的行为持慎重态度，就将有人跟随你学习。此言对自己的言行持谨慎态度，说话说得有理，做事做得正确，就会有人拥护你，赞成你的观点，学习你的行为。意谓只有自己做得好，才能对别人产生影响力。

圣人去甚，去奢，去泰。

【注释】出自先秦《老子》第二十九章。甚，过度的享受。奢，过度的奢侈。泰，过度的安逸。

【译文/点评】圣人修身养性不讲究过度的享受、过度的奢侈、过度的安逸，意谓圣人对于生活采取顺其自然的态度。

始知五岳外，别有他山尊。

【注释】出自唐·杜甫《木皮岭》。五岳，指中国最著名的五大山峰，即北岳恒山（在山西）、南岳衡山（在湖南）、西岳华山（在陕西）、东岳泰山（在山东）、中岳嵩山（在河南）。别有，另有。

【译文/点评】此言天下除了五岳之外，还另有其他高峰。此以山外有山为喻，形象地说明了一个做人的道理：世上高人多，千万莫自大。民间曾有人改宋人林升《题临安邸》诗句“山外青山楼外楼，西湖歌舞几时休”为“山外青山楼外楼，更有英雄在前头”，其义亦与此同，都是意在劝人千万别盲目自大。

士不可以不弘毅，任重而道远。

【注释】出自先秦《论语·泰伯》。士，读书人。弘毅，指胸怀阔大，性格刚毅。任重，指任务、使命重大。道远，指前程遥远、艰难。

【译文/点评】读书人不可以没有阔大的胸襟与志向，不可以没有刚毅不屈的意志与性格，因为他们的任务繁重、使命重大，实现理想的路途相当遥远、艰难。这是孔子学生曾子的话，是自励其志之言，也是对天下读书人所提出的希望。

士虽有学，而行为本焉。

【注释】出自先秦《墨子·修身》。虽，即使。行，指道德、品行。本，根本。焉，句末语气助词。

【译文/点评】士即使很有学问，也应该以品行修养为根本。此言意在强调道德修养重于学问。

事可语人酬对易，面无惭色去留轻。

【注释】出自宋·刘过《送王简卿归天台》。酬对，应对、应答。去留，指做官与辞官。

【译文/点评】此言只要所做的事问心无愧，就没有什么不可告人；如果心中无愧，那么做官与不做官都是小事。其意是强调做人要光明磊落、做事要问心无愧。

是己所是，非己所非。

【注释】出自唐·杜牧《书处州韩吏部孔子庙碑阴》。

【译文/点评】肯定自己正确的方面，否定自己错误的地方。此言对自己要有客观正确的认识。

恃德者昌，恃力者亡。

【注释】出自汉·司马迁《史记·商君列传》。恃（shì），凭借、依靠。者，……的人。昌，昌盛。

【译文/点评】治国靠道德的，国家就昌盛；治国靠武力的，国家必然灭亡。这是赵良引古语劝谏秦国权相商鞅的话。用今天的话来说，就是要“以德治国”，才能赢得民心，使国运长久；一味刚猛治政，必然激起民怨，结果导致国破身亡。

树至德于生前，流遗爱于身后。

【注释】出自唐·吴兢《贞观政要·教戒太子诸王》。树，建立。至德，最高境界的道德。

【译文/点评】立高德于生前，洒遗爱于后世。此乃唐太宗教导太子诸王加强道德修养的劝诫语。

贪满者多损，谦卑者多福。

【注释】出自宋·欧阳修《易或问》。

【译文/点评】此言贪心不足的必然会得不偿失，谦卑虚心的人必然获益多多。此语与《尚书》中的名言“满招损，谦受益”有相通之处，都是劝人为人处世要以谦虚低调为原则。

桃李不言，下自成蹊。

【注释】出自汉·司马迁《史记·李将军列传》引谚语。蹊（xī），小径、小路。

【译文/点评】桃李不会说话，但桃李花香芬芳吸引游人，久而久之，桃李之下便会被人踩出小路来。此以桃李花艳引人为喻，形象地说明了这样一个道理：为人只要真诚待人，便会感动他人；为人只要勤勤恳恳做出成绩，他人自然承认。

天知，神知，我知，子知，何谓无知？

【注释】出自南朝宋·范晔《后汉书·杨震传》。子，你。无知，没人知道。

【译文/点评】天知，神知，我知，你知，怎么说无人知道呢？这是杨震对夜晚怀金求见的昌邑县令王密说的一番话，意谓天下没有无人知道的秘密，除非自己未曾做过，那就心底无私天地宽了。俗语“若要人不知，除非己莫为”，其义与此同矣，皆是劝人正派做人、谨慎其行的。

天作孽，犹可违；自作孽，不可逭。

【注释】出自先秦《尚书·商书·太甲》。孽，灾祸、罪恶。犹，还。违，避免。逭（huàn），逃避。

【译文/点评】上天造成的灾祸，还可以避免；自己造成的罪恶，就无法原谅了。这是太甲自己对从前不听伊尹之言而造成的失德失政之事进行反省的悔过之辞。后世引此语，常用以告诫他人应该注意加强道德修养。

同于我者何必可爱，异于我者何必可憎。

【注释】出自汉·仲长统《昌言下》。

【译文/点评】与自己意见相一致的，为什么一定就觉得可爱呢？与自己意见相左的，为什么一定就认为他可恨呢？此言对于异见者要有包容的雅量。

痛莫大于不闻过，辱莫大于不知耻。

【注释】出自隋·王通《文中子·关朗》。莫，没有。过，过失。

【译文/点评】此言最痛心的事是听不进别人批评的意见，最羞辱的事是没有羞耻之心，意谓为人应当有闻过则喜的胸怀和知耻而改的勇气。

玩人丧德，玩物丧志。

【注释】出自先秦《尚书·旅獒》。玩，玩弄。志，志向、理想。

【译文/点评】玩弄他人会使道德沦丧，过分爱好某物会使志气尽丧。此言对人应诚恳，爱物要节制。

晚食以当肉，安步以当车，无罪以当贵，清静贞正以自虞。

【注释】出自汉·刘向编《战国策·齐策四》。晚食，吃饭晚。以，连词，相当于“而”。安步，缓步、慢步。贞正，纯洁正直。虞，通“娱”，娱乐。

【译文/点评】吃饭时间往后拖一拖，吃起来就觉得特别香，就好像是吃肉了；缓步慢行，就当是乘车了；不做官就不会获罪，就当是富贵了；远离尘事，不受外物干扰，保持纯洁正直的情操而自得其乐。这是战国时齐国名士颜斶对齐宣王说的话，表达了一位高洁之士的高尚情操。

万里桥西一草堂，百花潭水即沧浪。

【注释】出自唐·杜甫《狂夫》。万里桥、百花潭，都在成都。草堂，是杜甫在成都生活时所住的草堂，即今成都的杜甫草堂。沧浪，水名，即《水经注》所记的涢水。

【译文/点评】此句不仅巧妙地利用成都的“万里桥”与“百花潭”而构成工整的地名对仗，而且巧用先秦《孺子歌》“沧浪之水清兮，可以濯我缨；沧浪之水浊兮，可以濯我足”的句意，表达了自己处困境而犹欢、宠辱不惊、随遇而安的人生态度。

万物皆备于我矣。反身而诚，乐莫大焉。

【注释】出自先秦《孟子·尽心上》。万物，指一切。备，具备。矣，了。反身，反躬。莫，没有。焉，于之。

【译文/点评】一切我都具备了。反躬自省，自己是忠诚踏实的，那么快乐是没有比这更大的了。这是孟子关于修德的名言。用今天的话来说，就是做人要做到问心无愧，也就是心安理得、快乐无比了。

为善则流芳百世，为恶则遗臭万年。

【注释】出自清·程允升《幼学琼林·人事》。则，那么、就。

【译文/点评】做好事就会美名传百世，做坏事就会恶名传万年。此言意在劝人向善远恶。

未见好德如好色者也。

【注释】出自先秦《论语·子罕》载孔子语。……者也，句末语气助词，帮助判断。

【译文/点评】没有看见过崇尚道德就像喜欢美色一样的

人。此言好色是人的本性，而好德则是要努力修养的目标。从这句话我们可以看出，孔子是个达观的人，头脑中并无禁欲主义的思想。

闻人之善，若出诸己。

【注释】出自南朝宋·范晔《后汉书·孔融传》。出诸，出之于。

【译文/点评】听到别人有好事或有进步，就像是自己所有一样。此言人要有成人之美、乐人之善的胸襟。

闻志广博而色不伐，思虑明达而辞不争。

【注释】出自汉·戴德《大戴礼记·哀公问五义》。志，记。色，指表情。伐，夸耀。争，争辩，此指词锋咄咄逼人。

【译文/点评】博闻强记、知识渊博而表情上丝毫没有骄傲自大的意思，思路清晰、虑事周详而表达上却温文尔雅。此言做人应当谦虚、低调。

无恒产而有恒心者，惟士为能。

【注释】出自先秦《孟子·梁惠王上》。恒产，指长久维持生计的产业。恒心，指安居守分的善心、守“道”不变的思想。者，……的人。惟，只有。士，古代指统治阶级中的知识分子。

【译文/点评】没有维持长久生计的产业而能保有一颗坚守道德底线的正直之心，这只有士才能做得到。这是孟子对士“安贫乐道”品德的礼赞之语，也是他对世人加强道德修养的厚望。

无所往而不乐者，盖游于物之外也。

【注释】出自宋 · 苏轼《超然台记》。……者，……也，古代汉语判断句的一种形式，相当于“……是……”。盖，发语词，表示追究原因。游于物之外，指超然于物外，不为外物所羁绊。

【译文/点评】所到之处没有感到不快乐，这是因为有一颗超然物外的心境。此言意谓只有超然物外，才能永远保持一份快乐的心境。

无为其所不为，无欲其所不欲。

【注释】出自先秦《孟子 · 尽心上》。

【译文/点评】不要做自己不想做的事，不要接受自己不想要的东西。此言做人不要有愧于心。

毋意，毋必，毋固，毋我。

【注释】出自先秦《论语 · 子罕》。毋，不。意，通“臆”，即主观臆测。必，指武断。固，指固执。我，指自以为是。

【译文/点评】不主观臆测，不行事武断，不固执己见，不自以为是。这是《论语》记述孔子努力戒绝的四件事，也是孔子人品与处世原则的写照。这四点看起来好像没什么了不起，但现实生活中实行起来却极难。因此，要想做到这四点，实在是需要我们好好加强修养。

吾日三省吾身：为人谋而不忠乎？与朋友交而不信乎？传不习乎？

【注释】出自先秦《论语·学而》。吾，我。日，每天。三省（xǐng），多次反省。三是虚指。吾身，我自己。为，替。谋，谋事、办事。忠，竭力、尽力。乎，吗。交，结交。信，讲信任。传，传授。习，温习、复习。

【译文/点评】我每天都要多次反躬自省：替人办事都竭尽全力了吗？与朋友结交都讲诚信了吗？对老师所传授的知识都温习掌握了吗？这是孔子的得意门生曾参给自己制定的做人标准。后世我们所说的“三省吾身”、“反躬自省”的成语，都是源于此，强调的都是要加强个人的自身修养，做事先做人。这三条做人的标准虽然不算太高，但真的躬行实践，也未必人人都能做到。因此，今天这个做人标准仍是我们要努力的目标。

勿以恶小而为之，勿以善小而不为。

【注释】出自晋·陈寿《三国志·蜀书·先主传》裴松之注引《诸葛亮集》。勿，不要。以，因。为，做。

【译文/点评】不要因为某事为害不大而做它，不要因为某事造福不多而不做。此言防止道德堕落要从小的方面注意，积极向善要从小事做起。

心为万事之主，动而无节即乱。

【注释】出自唐·吴兢《贞观政要·规谏太子》载张玄素奏书语。节，节制。即，就。

【译文/点评】此言修身养性首先要保持心情平静，平静则遇事从容，虑事周密，无往而不胜；不平静则意乱，意乱则进退失据，必然导致失败。

新沐者必弹冠，新浴者必振衣。

【注释】出自先秦·屈原《楚辞·渔父》。沐，洗头。浴，洗澡。弹冠，弹去帽子上的灰尘。振衣，抖落衣服上的灰尘。

【译文/点评】刚洗过头的人，戴帽前一定会先弹弹帽上的灰尘；刚洗过澡的人，穿衣前一定会抖抖衣裳上的尘土。这是屈原以沐浴弹冠振衣为喻，表明自己不愿与世俗同流合污、要留清白在人间的坚定信念。后世“洁身自好”之语，亦源于此。

行必先人，言必后人。

【注释】出自汉·戴德《大戴礼记·曾子立事》。必，一定。先人，先于人。后人，后于人。

【译文/点评】行动要先于别人，评论要后于他人。此言意谓君子修身立世要多做事、少闲话。

行年五十而知四十九年非。

【注释】出自汉·刘安《淮南子·原道训》。非，不对之处。

【译文/点评】年将五十，应该知道自己前四十九年言行的不当之处。此言人应该勇于反省自己，勇于否认自己，以求进步。

行违于道，则愧生于心。

【注释】出自南朝宋·范晔《后汉书·朱穆传》。道，道义。则，那么、就。

【译文/点评】行动违背于道义，那么心中就会有惭愧之情。此言行动合于道义，才能心安理得。

行之以躬，不言而信。

【注释】出自宋·欧阳修《连处士墓表》。躬，自身、亲自。信，取信。

【译文/点评】以自己亲身的实践来践行自己的主张，那么不必推销自己的主张，都能让人为之信服。此言与我们今天所说的“说一千道一万，不如亲手干一干”之义有相通之处，都是强调以实际行动证明自己思想主张的有效性。

形之正，不求影之直而影自直；声之平，不求响之和而响自和；德之崇，不求名之远而名自远。

【注释】出自唐·马总《意林》引《傅子》。响，回声。

【译文/点评】身体正，不求影正而影自正；声音平直而出，不求有回声，也会有回声应和；道德崇高，不求好名声，也会声名远播。此以形正而影直、声平而响和为喻，说明道德与声名的关系。意在鼓励人们加强道德修养，以期留给世人或后世一个好名声。

羞善行之不修，恶善名之不立。

【注释】出自宋·王安石《杨孟》。

【译文/点评】为善行没有建立起来而羞愧，为善名没有树立而感到憎恶。此言君子修身的境界。

言之者无罪，闻之者足以戒。

【注释】出自汉·毛苌《诗经·大序》。戒，警戒。

【译文/点评】说话的人没有错，说得对不对，听话的人都要引以为戒。此言对于别人的批评要有接受的雅量，有则改之，无则加勉。

养心莫善于寡欲。

【注释】出自先秦《孟子·尽心下》。养心，修养心性。莫，没有。寡欲，减少欲望。

【译文/点评】修养心性的最好方法，莫过于清心寡欲。这是孟子的名言，其意在劝人最大限度地减少对世俗的欲望，从而修身养性而为君子。今天我们还在说的“无欲则刚”（要想保持刚正不阿的人格，最好的办法就是“无欲”），其意亦与此相通，皆是强调加强道德修养的重要性。

以小善为无益，以小恶为无伤，凡此皆非所以安身崇德也。

【注释】宋·王安石《致一论》。以，认为。凡此，诸如此类。崇德，推崇道德。所以，用以。

【译文/点评】认为小善是无益的，认为小恶无伤大雅，诸如此类的想法，都不是用以安身崇德的好办法。此言安身崇德、修身养性要从小善做起，要从小恶防起。

以直报怨，以德报德。

【注释】出自先秦《论语·宪问》。以，用。直，正直。怨，怨恨。报，报答。

【译文/点评】用正直的行为来回应别人对自己的怨恨，用恩德报答别人曾经施予自己的恩德。这是孔子在回答别人提出“以德报怨”观点时所阐发的见解，体现了他讲原则、爱憎分明而又正直旷达的做人风格。他不赞成“以德报怨”，认为“以德报怨”，那么就没什么可以报德了。这是对的，因为“以德报怨”虽能展示一个人、一个国家阔大的胸襟，但负面影响却是不容低估的。这从中国历史上能够找出很多具体例证。因此，“以德报怨”当慎之又慎，农夫与蛇的教训不能不记取。

艺可学而行可为。

【注释】出自汉·张衡《应闲》。艺，技艺。行，品行。

【译文/点评】技艺是可以通过学习而所获得的，而品行是可以通过努力而得到提升的。此以技艺可以通过学习为比，阐说提升品德修养的可能性。

益者三乐，损者三乐。乐节礼乐，乐道人之善，乐多贤友，益矣。乐骄乐，乐佚游，乐宴乐，损矣。

【注释】出自先秦《论语·季氏》。益，有益的。损，有害的。乐，快乐。乐，以……为乐。节礼乐，符合礼乐规定的快乐。道人之善，称赞他人好处。贤友，德才兼备的朋友。矣，句末语气助词。骄乐，骄奢淫逸的快乐。佚游，放荡游玩。宴乐，过分饮食的快乐。

【译文/点评】有益的快乐有三种，有害的快乐也有三种。以行为符合礼乐规定的快乐为快乐，以称说他人好处为快乐，以有贤德的朋友为快乐，都是有益的快乐；以骄奢淫逸的快乐为快乐，以放荡游玩为快乐，以吃饱喝足为快乐，都是有害的快乐。这是孔子的快乐观，其主旨在于劝人加强道德修养，快乐要符合精神健康原则。这在今天仍有参考意义。

有兼听之明，而无奋矜之容；有兼覆之厚，而无伐德之色。

【注释】出自先秦《荀子·正名》。兼听，广泛听取意见，不偏信一面之词。矜（jīn），夸耀、骄傲。容、色，皆指表情。兼覆，全部覆盖。伐，夸耀。

【译文/点评】有广泛听取各方面意见的开明雅量，而没有自以为是的傲慢表情；有匡济天下的仁厚之心，而无自夸德高望隆的得意神色。此言君子应该有虚怀若谷、兼听则明的雅量，有兼济天下之心、有谦虚谨慎之德。

与人不求备，检身若不及。

【注释】出自先秦《尚书·商书·伊训》。与，结交。备，完备、完美。检身，反省自己。若，像。

【译文/点评】结交他人不要求他人完美无缺，反省自己唯恐比不上别人。此言君王加强道德修养的原则。

欲修其身者，先正其心；欲正其心者，先诚其意。

【注释】出自汉·戴圣《礼记·大学》。正，使正。诚，使诚。心，心思、思想。

【译文/点评】想要加强自身修养，先要端正思想；想要端正思想，先要有诚意。此言修身养性、加强个人道德修养要端正思想，而要端正思想，首先第一步便是要诚实为人。此以层递修辞法强调诚信对做人的重要性。

欲影正者端其表，欲下廉者先之身。

【注释】出自汉·桓宽《盐铁论·疾贪》。欲，想。表，仪表，此指身体。下，指下属。先之身，先要求自己。

【译文/点评】要想影子正，就要先把自己的身子站直；要想下属清廉，自己要先做出表率。此以正影先正身为喻，说明正人先正己的道理。

欲治其国者，先齐其家；欲齐其家者，先修其身。

【注释】出自汉·戴圣《礼记·大学》。齐，整顿、使整齐。修其身，加强自身修养、率先垂范、以身作则。

【译文/点评】想治理国家，先整顿好自己的家庭；想整顿好家庭，自己做人处事要先作出表率、为家人树立榜样。此言治国要以修身、齐家为基础，先加强自身修养、积累管理经验。儒家提倡“修身、齐家、治国、平天下”的理念，即是此语所概括的意涵。成语“修齐平治”，说的也正是这个意思。

源洁则流清，形端则影直。

【注释】出自唐·王勃《上刘右相书》。则，那么、就。

【译文/点评】水源干净，那么水流就清澈；形体端正，那么影子就笔直。此以源洁流清、形端影直为喻，说明加强自身道德修养的重要性。

朝闻道，夕死可矣。

【注释】出自先秦《论语·里仁》。闻，听到。道，这里指真理。矣，语气助词，相当于“了”。

【译文/点评】如果早上能闻道，晚上死了也瞑目。这是孔子所表达的对真理追求的心志。其对真理、真知的执着追求之情，可谓感人至深。

朝饮木兰之坠露兮，夕餐秋菊之落英。

【注释】出自先秦·屈原《楚辞·离骚》。之，的。兮，语气助词，相当于“啊”、“呀”。落英，落花。

【译文/点评】木兰坠露滴滴香，早上饮了当早餐；秋菊之花落纷纷，拾掇花瓣为晚饭。这是屈原以饮露餐菊暗喻自己清高不同流俗的人格人品。一个孤芳自赏、独立不羁的清流者形象顿时跃然纸上，让人觉得又高洁、又孤寂。

正己而不求于人，则无怨。

【注释】出自汉·戴圣《礼记·中庸》。求，要求。则，那么、就。

【译文/点评】端正自己的言行而不对别人提出苛刻的要求，那么就不会有什么怨言了。此言严于律己才是修身养性的正道。现在我们常讲“严于律己，宽以待人”，说的正是这个意思。

正己而治人，故谓之政。

【注释】出自宋·曾巩《思政堂记》。正，使端正。治人，管理别人、教育别人。政，指政治。

【译文/点评】先端正自己的言行，使其符合道德规范，然后再去管理、教育别人，这就是政治。此言从政首先要加强自身的道德修养。

正身以俟时，守己而律物。

【注释】出自清·吴敬梓《儒林外史》第七回。以，而。俟（sì），等待。

【译文/点评】循正道修身而等待时机，严守自己应有的本分而再去要求别人。此言正人君子应该等待时机奋发上进，但时机未到之前应该先严格要求自己，修身养性，安分守己，宽以待人。

芝兰生于深林，不以无人而不芳；君子修道立德，不为穷困而改节。

【注释】出自《孔子家语·在厄》。芝兰，一种兰草。以，因。节，节操、气节。

【译文/点评】此以兰草生于深林与君子修道立德作比，形象地说明了一个做人的道理：道德修养乃是一种自觉的高尚的精神修炼，是一个人人格的升华；因此，只有道德高尚者才能不受世俗社会的影响，在穷困中能自持而不改变志向、节操。

知所以修身，则知所以治人。

【注释】出自汉·戴圣《礼记·中庸》。则，那么、就。治人，管理、教育他人。

【译文/点评】知道如何修治自身的方法，那么也就懂得了如何管理教育别人的道理了。此言“欲治人，必先修身”的道理。

志务广远，多所不暇。

【注释】出自南朝宋·范晔《后汉书·隗嚣传》。务，追求。暇，空闲。不暇，此指来不及。

【译文/点评】立志追求过高过远，往往没法做到。此言立志要切合实际，切莫好高骛远。

志正则众邪不生，心静则众事不躁。

【注释】出自晋·陈寿《三国志·魏书·王基传》。志，思想、心志。则，就。

【译文/点评】思想端正，就不会萌生其他邪念；心气沉静，就什么事也不能让他浮躁。此言加强自身修养才能“志正”、“心静”而不为外物影响。

种树者必培其根，种德者必养其心。

【注释】出自明·王守仁《传习录》上。

【译文/点评】此以种树培根为喻，说明道德修养要从心底开始。意谓道德修养只有是发自内心的自觉要求才有效果。

酌贪泉而觉爽，处涸辙而犹欢。

【注释】出自唐·王勃《秋日登洪府滕王阁饯别序》。

【译文/点评】此乃作者以用典修辞法自标其人格的高尚。“酌贪泉”句，典出于《晋书·吴隐之传》，其传有云：“未至州（广州）二十里，地名石门，有水曰贪泉，饮者怀无厌之欲。隐之至泉所，酌而饮之，赋诗曰：‘古人云此水，一歃怀千金，试使夷齐（伯夷、叔齐）饮，终当不易心’。清操愈厉。”作者这里用此典，意在突出自己清廉之节操。“处涸辙”句，典出于《庄子·外物》，其文有云：“（庄）周昨来，有中道而呼者，顾视车辙中有鲋鱼焉。周问之曰：‘鲋鱼来，子何为者耶？’对曰：‘我东海之波臣也。君岂有斗升之水而活我哉？’周曰：‘诺，我且南游吴越之王，激西江之水而迎子，可乎？’鲋鱼忿然作色曰：‘吾失我常与，我无所处，吾得斗升之水然活耳。君乃言此，曾不如早索我于枯鱼之肆。’”作者这里用此典，是暗指自己处逆境而怡然的德操。

自伐者无功，自矜者不长。

【注释】出自先秦《老子》第二十四章。伐，夸耀。矜，骄傲。长，指进步。

【译文/点评】喜欢自我夸耀的人是不会事业有成的，骄傲自大的人是不会进步的。此言谦虚谨慎才能使人事业有成、成长进步。

自见者不明，自是者不彰。

【注释】出自先秦《老子》。自见，自我表现。自是，自以为是。彰，明。

【译文/点评】喜欢自我表现的人反而不会引人注目，喜欢自以为是的人不会使自己的功业得以显明。此言做人应以低调谦虚为上。

自知不自见，自爱不自贵。

【注释】出自先秦《老子》第七十二章。自见，自我表现。自贵，自以为是。

【译文/点评】知道并相信自己的能力，但不刻意自我表现；珍爱自己、对自己充满信心，但不自以为是，觉得比别人高一等。此言圣人君子修身养性的境界。

罪莫大于无道，怨莫深于无德。

【注释】出自先秦《文子·道德》。道，此指自然规律。

【译文/点评】罪恶没有比不按自然规律办事更大的，怨恨没有比没有道德更深的。此言“无道”、“无德”是最不可容忍的，意在劝统治者要修“道”、修“德”。

美女容态

北方有佳人，绝世而独立。一顾倾人城，再顾倾人国。

【注释】出自汉·李延年《北方有佳人》。佳人，美女。北方有佳人，此指作者李延年的妹妹，即后来汉武帝宠幸的李夫人。绝世，指容貌举世无双。独立，此指独一无二。顾，回头看。再，第二次。倾，使倾倒。倾人城，使满城的人为之倾倒。倾人国，使一国之人为之倾倒。

【译文/点评】北方有一个美女，是举世无双的佳人，她只要一回头就能让一城乃至一国的男人为她的美貌而倾倒。这是作者以夸张修辞法吹嘘其妹美貌的话，是唱给汉武帝刘彻听的，意在打动汉武帝之心，向汉武帝推荐自己妹妹的意思。结果，汉武帝听了果然心为之动，纳其为宠妃。史载，汉武帝爱得死去活来的李夫人，便是这位。今日成语“倾国倾城”夸女人之美，即源于此。

短长肥瘠各有态，玉环飞燕谁敢憎。

【注释】出自宋·苏轼《孙莘老求墨妙亭诗》。玉环，指唐玄宗之妃杨玉环，体态丰腴。飞燕，指汉成帝之皇后赵飞燕，体态瘦小，传说可于掌中舞。憎，不喜欢。

【译文/点评】此言女人不论身材高矮，也不论胖瘦如何，只要姿态优雅，则都是令人心悦的美人。

蛾儿雪柳黄金缕，笑语盈盈暗香去。

【注释】出自宋·辛弃疾《青玉案》。蛾儿，指像蛾子一样的金银饰品。雪柳，中国古代妇女元宵节插戴的饰品。黄金缕，此指以金为饰的雪柳。盈盈，美好之态。

【译文/点评】此写宋代女子在上元灯节（正月十五）之夜穿金戴银、香气四溢、笑语盈盈、招摇过市的景象。

方驾扬清尘，濯足洛水澜。

【注释】出自晋·陆机《日出东南隅行》。方，刚。濯，洗。澜，大波浪。

【译文/点评】前句写美女出行时声势之浩大，刚驱马而驾，就清尘飞扬；后句写美女人数之众，众美女洗脚能让洛水掀起大的波浪。二句皆以夸张修辞法而为之，给人的印象极深。

逢郎欲语低头笑，碧玉搔头落水中。

【注释】出自唐·白居易《采莲曲》。碧玉搔头，指碧玉做成的发簪。

【译文/点评】此写女子与情郎相见时心中欢喜而手脚忙乱的情态。

芙蓉不及美人妆，水殿风来珠翠香。

【注释】出自唐·王昌龄《西宫秋怨》。

【译文/点评】此写美人的装饰之美以及身体所散发出来的浓郁香气。前句运用比喻修辞法，将荷花与美人之妆相比较，强调美人之妆的美艳。后句写美人体香的浓郁，采用烘托之法，即不直接说美人体香，而说美人所戴的珠翠香；不说美人的香气飘得远，而说水殿风来香。表意含蓄，意蕴丰富，令人味之不尽，浮想联翩。

赴曲迅惊鸿，蹈节如集鸾。

【注释】出自晋·陆机《日出东南隅行》。赴曲，随曲而舞。迅，快。惊鸿，受惊的大雁。蹈节，踏着乐曲的节拍。如，像。集鸾，聚拢起来的凤凰。

【译文/点评】此乃以比喻修辞法，以惊鸿与集鸾来写美女随曲而舞的各种姿态，形象生动，予人以丰富的想象空间。

馥馥芳袖挥，泠泠纤指弹。悲歌吐清响，雅舞播幽兰。

【注释】出自晋·陆机《日出东南隅行》。馥馥，形容香气充溢。泠泠（líng líng），形容声音清越。纤，细。幽兰，舞曲名。

【译文/点评】此写美女长袖飘飘生香、纤指泠泠乐起的歌舞场景，其悲歌之清越、雅舞之高雅，皆让人陶醉难忘。

刚风吹起望不及，一对金莲倒插天。

【注释】出自元·杨维桢《秋千》。刚风，劲风。金莲，指古代女子小脚。

【译文/点评】此写美女荡秋千的情景。前句是泛写，写美女秋千荡起之高与速度之快；后句是特写，着重写美女小脚朝天的形象。由此，一个活泼好动的古代女子形象便跃然纸上。

顾盼遗光彩，长啸气若兰。行徒用息驾，休者以忘餐。

【注释】出自三国魏·曹植《美女篇》。顾，回头看。盼，看。长啸，指撮口出声。若兰，形容其气息的芬芳。行徒，走路的人。用，因。息驾，停车。休者，休息的人。忘餐，忘记用餐。

【译文/点评】前二句是直接描写美女顾盼生辉与吹气若兰的美态，后二句则是间接描写，通过行者停车、休者忘餐的细节反衬美女之美，给人以丰富的想象空间。

虢国夫人承主恩，平明骑马入宫门。却嫌脂粉污颜色，淡扫蛾眉朝至尊。

【注释】出自唐·张祜《集灵台二首》之二。虢（guó）国夫人，即杨贵妃的三姐，因杨贵妃得宠而被封为虢国夫人。主，指唐玄宗。平明，天亮。淡扫蛾眉，指不化妆。至尊，指唐玄宗。

【译文/点评】前二句写虢国夫人得宠傲人的形象。因为“平明”不是朝见皇帝的正常时间，宫门也不是什么人都可以骑马驰入之所，而虢国夫人却偏在此时以此种方式入见，其“承主恩”的程度可见。后二句写虢国夫人异乎寻常的美色。“却嫌脂粉污颜色”，是说虢国夫人美色无以复加。“淡扫蛾眉朝至尊”，既在语义上呼应第三句，强调了虢国夫人对自己美色的自信心理，同时也暗寓了批评虢国夫人刻意邀宠（不化妆就是另一种化妆，是无为而为，是为了标新立异）、风骚轻佻的意蕴。

荷叶罗裙一色裁，芙蓉向脸两边开。

【注释】出自唐·王昌龄《采莲曲二首》之二。

【译文/点评】罗裙绿如荷叶，两个脸庞就像两朵莲花一般红艳。此以比喻修辞法写采莲女的美貌。前句写采莲女的罗裙颜色比荷叶之色，后句写采莲女两个脸犹如两瓣莲花。以荷叶比采莲女罗裙之色，以荷花映衬采莲女之花容，意在以荷叶荷花映衬采莲女的装妆及玉容，让人由荷叶与荷花联想到采莲女的音容笑貌，由物及人，展开丰富的联想。

回眸一笑百媚生，六宫粉黛无颜色。

【注释】出自唐·白居易《长恨歌》。眸（móu），眼中瞳仁，此指眼睛。回眸，指回头看一眼。百媚，是夸张，意指美态难以形容。六宫粉黛，指代所有宫女。无颜色，指相形失色。

【译文/点评】此言杨贵妃只要嫣然一笑，就会使所有宫女相形而大失容色，意谓杨贵妃之美天下无人可及。但此层意思诗人没有直写，而是通过其"回眸一笑"的细节与"六宫粉黛"顿为失色的反衬手法，将其不同寻常之美烘托出来，从而让人通过对比而展开联想，在意念中自己描绘出杨贵妃之美。"百媚生"是夸张修辞法，意在突出杨贵妃笑得与众不同的美；"六宫粉黛"是借代修辞法，指代宫中全部美女。以全部宫女而衬杨贵妃一人，遂益发凸显出杨贵妃之美。

肌肤若冰雪，绰约若处子。

【注释】出自先秦《庄子·逍遥游》。若，像。绰（chuò）约，指女子姿态柔美的样子。处子，处女。

【译文/点评】肌肤白得像冰雪，风姿柔美就像一个处女。此写藐姑山神人之态，后世多用以形容女子之美。

髻云浅露月牙弯，独立西风意自闲。

【注释】出自元·杨维桢《题芭蕉美人图》。

【译文/点评】此写美女形象之句。前句写美女发髻高耸、眉线弯曲的装饰特征，后句写美女迎风闲立的优雅之态。前句着重于形，后句着重于神。如此前后结合，一个形神兼备的美女形象便跃然纸上矣。

肩若削成，腰如约素。

【注释】出自三国魏·曹植《洛神赋》。约素，扎紧的白绢。

【译文/点评】香肩棱角分明，好像用刀削成；柔腰纤细，就如一束扎紧的白绢。此以比喻修辞法写洛水女神之美，让人由此及彼，生发出无限的遐想。

靓妆眉沁绿，羞脸粉生红。

【注释】出自宋·晏几道《临江仙》词。靓（jìng），妆扮、打扮。沁（qìn），浸、渗入。

【译文/点评】此写女子妆眉渗绿、粉脸生红的娇羞情态。

镜湖水如月，耶溪女如雪。新妆荡新波，光景两奇绝。

【注释】出自唐·李白《越女词五首》其五。镜湖，即鉴湖，在今浙江绍兴。耶溪，即若耶溪。

【译文/点评】此写越女的美艳形象。第一句将水比月，强调镜湖之水的清澈透明，意为第二句直写越女作铺垫，以景衬人。第二句是细节特写，将越女（耶溪女）比雪，突显其肤色之白。三四句写越女泛舟湖上，人湖交相辉映的景象，意在以湖衬人，表现越女荡桨的优美之姿。

敛尽春山羞不语，人前深意难轻诉。

【注释】出自宋·苏轼《蝶恋花》词。敛，收拢、皱着。春山，形容眉毛。

【译文/点评】此写女子“爱在心里口难开”的心理与娇羞情态。

领如蝤蛴，齿如瓠犀。

【注释】出自先秦《诗经·卫风·硕人》。领，颈，脖子。蝤蛴（qiú qí），昆虫天牛的幼虫，身白而长。瓠犀（hù xī），葫芦子儿，色白，排列整齐。

【译文/点评】颈如蝤蛴长又美，齿如瓠犀白且齐。这是赞美卫庄公夫人庄姜颈、齿之美的句子，比喻新颖，形象性强，让人如见其人，如睹其颜。

眉将柳而争绿，面共桃而竞红。

【注释】出自北周·庾信《春赋》。将，与、和。

【译文/点评】此写女子眉绿腮红的形象。

眉如翠羽，肌如白雪，腰如束素，齿如含贝。

【注释】出自先秦·宋玉《登徒子好色赋》。素，没有染色的丝绸。

【译文/点评】眉毛如翠鸟之羽，肌肤就像白雪，纤细的腰就像捆扎起来的一把白绢，牙齿洁白就像嘴里含了白色的贝壳。此以比喻修辞法写东邻之女的美貌，于此也可见出中国古代的审美观。

美目扬玉泽，蛾眉象翠翰。

【注释】出自晋·陆机《日出东南隅行》。翰，羽毛。

【译文/点评】此写美女眼如秋水荡漾，眉如翠色羽毛，于此可见晋时女子画眉的时尚。

名花倾国两相欢，长得君王带笑看。

【注释】出自唐·李白《清平调词三首》其三。名花，此指牡丹。倾国，代指美人，此指杨贵妃。君王，此指唐玄宗。

【译文/点评】此写杨贵妃之美。但诗句没有直写，而是通过两个细节侧笔写之。一是将她与名花并提，并以有特定含义的“倾国”一词暗示之；二是以“长得君王带笑看”的叙事，暗点出其可人的形象。可谓表意婉转，曲尽其妙，让人回味无穷。

明珠交玉体，珊瑚间木难。罗衣何飘飘，轻裾随风还。

【注释】出自三国魏·曹植《美女篇》。交，络。玉体，指女子的身体。间，间杂。木难，传说为金翅鸟沫所结成的碧色珠。罗衣，罗绮之衣。裾，衣服的大襟。还，音“旋”，转动。

【译文/点评】此写汉代美女的装束，大有飘飘如仙女之态。

南国有佳人，容华若桃李。

【注释】出自三国魏·曹植《杂诗七首》其四。容华，容貌风华。若，像。

【译文/点评】此以桃李写南国佳人之美，用的是比喻之法，让人由桃李的形象展开联想，深切体味到南国美人的风姿佳韵。

翩若惊鸿，婉若游龙。

【注释】出自三国魏·曹植《洛神赋》。

【译文/点评】此写洛水女神美态之句。前句写其体态轻盈之状，后句写其姿态婀娜之貌。二句皆是运用比喻修辞法，读之让人由形象而及人，味之不尽，联想无穷。

娉娉袅袅十三余，豆蔻梢头二月初。春风十里扬州路，卷上珠帘总不如。

【注释】出自唐·杜牧《赠别二首》其一。娉娉（pīng），貌美的样子。袅袅（niǎo），体态柔美的样子。豆蔻（kòu），多年生草本植物，外物似芭蕉，花淡黄色，果实扁球形，种像石榴子，有香味。总不如，都不如。

【译文/点评】十三岁的年华，就像是二月初的豆蔻梢头之花，异常柔美好看。美女如云的十里扬州路上，卷起珠帘敢站出来炫美的所有女子都比不了她（指诗人赠别的少女）。这是诗人对所要赠别女子的赞美之辞。前二句是写形貌，言其青春貌美之状；后二句是议论，在比较中凸显少女之美的非比寻常。成语“豆蔻年华”（形容十三四岁的少女），即源于此。

千呼万唤始出来，犹抱琵琶半遮面。

【注释】出自唐·白居易《琵琶行》。

【译文/点评】此二句乃是写京城琵琶女见客时的羞涩情状。“千呼万唤”，以夸张修辞法极言琵琶女不愿出见陌生之客的情态；“犹抱琵琶半遮面”，以琵琶女特有的行为动作细节突出强化了其羞答答的情貌，让人如见其人，逼真地凸显了中国古代女子那种内向羞怯的性格特征。前句后世引申运用，也指某件事难以实施，或某个人难以出场。

强整娇姿临宝镜，小池一朵芙蓉。

【注释】出自前蜀·李珣《临江仙》。

【译文/点评】此写美人整妆的动作及其美貌。前句写其整装照镜的动作，以“强”字突出其慵懒之状，意在表现其国色天姿无须整妆之意。后句是个比喻，是对美人美貌的具体描写，以“小池”比“宝镜”，以“一朵芙蓉（荷花）”比美人玉容。让人通过小池与荷花的意象由此及彼进行想象，进而自行构拟出自己心目中认为的美人形象。

巧笑倩兮，美目盼兮。

【注释】出自先秦《诗经·卫风·硕人》。倩（qiàn），美，笑时两颊有酒窝的样子。兮，语气助词，相当于“啊”、“呀”。盼，眼珠转动、黑白分明之状。

【译文/点评】嫣然一笑酒窝生，美目转动秋波荡。这是描写卫庄公夫人庄姜顾盼生姿、笑意迷人、摄人心魂之美。生动的白描，丰富的意象，不禁让天下男人顿时心摇神荡、意乱情迷。

俏丽若三春之桃，清素若九秋之菊。

【注释】出自清·曹雪芹《红楼楼》第六十八回。若，像。三春，指暮春（阴历三月）。九秋，指深秋（农历九月）。

【译文/点评】此写王熙凤的美貌。前句以暮春之桃花形容其俏丽，后句以深秋重阳时的菊花比喻其清雅素洁之美。

曲尽不知处，月高风满城。

【注释】出自唐·许浑《闻歌》。

【译文/点评】曲调如何并不交代，唱曲之人何去也不知，只以“月高风满城”的景象相映衬，给人以无限的想象空间，由景及曲，由曲及人，人在其中，曲亦在其中矣。

曲终人不见，江上数峰青。

【注释】出自唐·钱起《省试湘灵鼓瑟》。

【译文/点评】此写湘水女神鼓瑟之后飘然而去，唯剩江上数座青峰的情景，意在强调湘水女神的神秘。以“人不见”与“数峰青”相对衬，由峰及人，更让人回味无穷。

攘袖见素手，皓腕约金环。头上金爵钗，腰佩翠琅玕。

【注释】出自三国魏·曹植《美女篇》。攘袖，卷袖。素手，雪白的手。皓腕，洁白的手腕。约，缠着。金环，金镯。爵，同“雀”。金爵钗，指钗头上作雀形的发钗。琅玕（lánggān），一种似玉的美石。

【译文/点评】此写美女素手皓腕及其时尚的装束，让人对汉时美女之容态仿佛亲睹。

人面桃花相映红。

【注释】出自唐·崔护《题都城南庄》。

【译文/点评】此句乃写女子之美，但不直写，而以“人面”与“桃花”并举，以两者的“相映红”互相衬托，以表达赞美女子花容月貌之意。它虽化自南朝文学家庾信《春赋》中“面共桃而竞红”之句，却比原句更有韵味，确有“青出于蓝而胜于蓝”之妙。

态浓意远淑且真，肌理细腻骨肉匀。

【注释】出自唐·杜甫《丽人行》。

【译文/点评】此写杨氏（杨贵妃）姊妹的美貌美姿。前句写其优雅的姿态，后句写其天生丽质。“态浓”，是写矜持的大家闺秀的风仪；“意远”，是写其悠闲与不经意的神情。“淑且真”，是言其贤淑端庄的模样。“肌理细腻”、“骨肉匀”，都是对其形体特征的工笔刻画。如此细腻逼真的人物形象描写，让人有一种如见其人之感，读之不禁顿生无限的遐想与爱慕之情。

桃之夭夭，灼灼其华。

【注释】出自先秦《诗经·周南·桃夭》。夭夭（yāo），茂盛而美丽的样子。灼灼，鲜明的样子。其，句中语气助词，无义。华，花。

【译文/点评】春风三月桃花开，朵朵红艳真光彩。这是以桃花盛开比喻即将出嫁女子的光彩照人之貌，一位羞羞答答、娇柔美丽如桃花的少女形象顿然跃然纸上，让人味之无穷、心醉情迷。

体如游龙，袖如素蜺。

【注释】出自汉·傅毅《舞赋》。如，像。蜺（ní），副虹，雨中天空中与虹同时出现的彩色圆弧。

【译文/点评】体软像游龙，飘袖像彩虹。此以比喻修辞法写舞女舞姿的美态，形象生动，如在目前。

头上倭堕髻，耳中明月珠。湘绮为下裙，紫绮为上襦。

【注释】出自汉·乐府古辞《陌上桑》。倭堕髻，即堕马髻，其髻偏在一旁，呈欲堕之状，乃汉代时髦之发式。绮，有花纹的绫。襦（rú），短衣、短袄。

【译文/点评】此写汉代美女罗敷的装束打扮，于此可见汉代女子服饰之时尚。

无端隔水抛莲子，遥被人知半日羞。

【注释】出自唐·皇甫松《采莲子二首》其二。无端，无缘无故。

【译文/点评】此写采莲女主动示爱而又羞涩难当的情态。

吴姬荡桨入城去，细雨小寒生绿纱。

【注释】出自元·萨都剌《过嘉兴》。吴姬，吴地女子。

【译文/点评】江南河流纵横，水网密布，出门便要撑船，那是常事；女子水上撑船，那也是司空见惯的情景。但是，在诗人这个北方人看来，这平常的景象却是别有韵味。前句说吴姬撑船入城，这是叙事；后句写春寒细雨之中江上朦胧迷茫的景象就像是蒙上了一层薄薄的绿色轻纱，这是写景。事景结合，吴姬与细雨相衬，便使诗人笔下的吴姬更具朦胧之美，读之给人留下的想象空间更大。

舞态因风欲飞去，歌声遏云长且清。

【注释】出自宋·张咏《赠官妓小英歌》。遏云，使飞动的浮云为之停止。清，清越。

【译文/点评】此写官妓小英舞姿优美，有飘飘欲飞之感；歌声清越高亢，有响彻云霄之效果。

西方有佳人，皎若白日光。被服纤罗衣，左右佩双璜。

【注释】出自三国魏·阮籍《咏怀八十二首》其十九。皎，洁白。被服，穿着。璜，半壁形的玉。

【译文/点评】此写美人洁白的肤色与披罗佩玉的服饰，从中可见中国古代是以白为美、以穿罗佩玉为时尚的审美观。

鲜肤一何润，秀色若可餐。

【注释】出自晋·陆机《日出东南隅行》。鲜肤，鲜嫩的肌肤。一何，何等。秀色，美色。若，像。可餐，可以吃。

【译文/点评】前句写女子肌肤的鲜嫩与润滑，后句以比喻之法化抽象为具体，极言女子之美色。成语“秀色可餐”，即源于此。

萧娘脸薄难胜泪，桃叶眉长易觉愁。

【注释】出自唐·徐凝《忆扬州》。萧娘，是南朝以来诗词中所常用的一个人物名字，特指男子所恋的女子（女子所恋的男子则称萧郎）。桃叶，本是晋代王献之的爱妾之名，后泛指男子所思念的佳人。

【译文/点评】此乃写萧娘多愁善感之态及与情郎离别时的伤悲之情。前句不直说萧娘离别情郎时哭得很厉害，流了很多泪，而说她是“脸薄难胜泪”；后句不直说桃叶与情郎离别满面忧伤之容，而说她是“眉长易觉愁”。两句皆是写男女“相见时难别也难”的离愁别绪，却侧笔写来，让人有回味无穷的美感。

笑入荷花去，佯羞不出来。

【注释】出自唐·李白《越女词五首》其三。佯，假装。

【译文/点评】此写采莲归来的越女避见客人而笑入莲花之中的情景。“羞”而“笑”，则突出表现了其天真可爱的形象。

行到中庭数花朵，蜻蜓飞上玉搔头。

【注释】出自唐·刘禹锡《和乐天春词》。玉搔头，指玉做的发簪。

【译文/点评】此写女子闲雅温柔的情态。前句写其闲适优雅的生活情趣，后句通过人与蜻蜓的亲切关系而突显其温柔的形象。

行者见罗敷，下担捋髭须；少年见罗敷，脱帽著帩头；耕者忘其耕，锄者忘其锄，来归相怨怒，但坐观罗敷。

【注释】出自汉·乐府古辞《陌上桑》。行者，过路人。罗敷，古代的一个美女。下担，放下担子。捋（lǚ），用手指顺着抹过去。髭（zī），嘴上面的胡子。须，胡子。帩（qiào）头，头巾。但，只。坐，因。

【译文/点评】走路之人见罗敷，放下担子拈胡须；英俊少年见罗敷，脱下帽子显风流；耕田农夫见罗敷，忘记所要耕的田；锄地农夫见罗敷，忘记锄地的活计。回家后相互抱怨，只因光顾坐着看罗敷而忘了干活。此写罗敷之美，不从正面着笔，而是以间接笔法，通过行路人歇担捋须、少年人脱帽整理头巾、耕者锄者忘其劳作、回家后互相抱怨的细节描写，极写罗敷之美，给人以无限想象的空间。

秀色掩今古，荷花羞玉颜。

【注释】出自唐·李白《西施》。

【译文/点评】此乃咏叹西施美貌之句。诗人没有直接写西施如何美，何处美，而是先总评定调“秀色掩今古”，然后将西施与荷花相比，由此让人由物及人展开联想，从而意会到西施如何之美。

燕京女儿十六七，颜如花红眼如漆。

【注释】出自元·萨都剌《燕姬曲》。燕京，今北京及其周边地区，古为燕赵之地。

【译文/点评】此写北方女子十六七岁即出落得非常标致的样子。这里诗人写燕京少女之美，主要着重于两个细节，一是她的面容，一是她的眼睛。两者皆以比喻修辞法，前者以花喻之，后者以漆比之，从而生动地再现了燕京少女脸色红润、两眼乌黑的形象。

燕赵多佳人，美者颜如玉。

【注释】出自汉·无名氏《东城高且长》。燕赵，指春秋战国时代燕、赵二国之旧地。佳人，美女。颜，额、脸。颜如玉，比喻女子长得如玉一般美。

【译文/点评】玉有光洁温润之品性，以玉比美女，既有比其肤色的成分，也有比其性格之成分。中国人自古就有推崇肤色洁白的心理，也有推崇女子性格温柔的传统。因此，以玉喻美女，可谓是一箭双雕。

一枝红艳露凝香，云雨巫山枉断肠。

【注释】出自唐·李白《清平调词三首》其二。一枝红艳，此指牡丹花。云雨巫山，指楚襄王与神女之事。典出于先秦·宋玉《高唐赋》："昔者先王尝游高唐，怠而昼寝。梦见一妇人，曰：'妾为高唐客，闻君游高唐，愿荐枕席。'王因幸之。去而辞曰：'妾在巫山之阳，高丘之阴。旦为朝云，暮为行雨，朝朝暮暮，阳台之下。'"

【译文/点评】这二句虽是拍马屁之作，却以写景含蓄地表达其意，颇是耐人寻味，也富有美感。"一枝红艳露凝香"，运用双关手法，表面是写牡丹花之色、之香，内里则暗写杨贵妃之色、之香；"云雨巫山枉断肠"，以用典手法，表面是说楚襄王慕神女的典故，实则是说楚襄王梦中的神女何以比得上眼前的杨贵妃。

樱桃樊素口，杨柳小蛮腰。

【注释】出自唐·孟棨《本事诗》记曰："白尚书姬人樊素善歌，妓人小蛮善舞，尝为诗曰：'樱桃樊素口，杨柳小蛮腰。'年既高迈，而小蛮方丰艳，因为杨柳之词以托意。"

【译文/点评】此二句是唐代大诗人白居易写其两个侍姬

之语。这二句都是运用比喻修辞法，前句以樱桃喻歌女樊素之口小而红，后句以杨柳喻舞姬小蛮之腰细而柔。形式上对仗工整，形象上鲜活生动，读之不禁让人浮想联翩。同时，也道出了中国古代对于女子以小嘴、细腰为标准的审美趣味。

盈盈楼上女，皎皎当窗牖。娥娥红粉妆，纤纤出素手。

【注释】出自汉·无名氏《青青河畔草》。盈盈，轻盈的样子。皎皎，洁白的样子。牖（yǒu），窗户。娥娥，姿态美好的样子。纤纤，体态纤细苗条的样子。素手，洁白的手。

【译文/点评】此乃写倡家女美貌之句。“盈盈”与“皎皎”，皆状其风姿之美，但前者重在体态，后者重在风采。“娥娥”与“纤纤”，都是摹其容色之美，但前者是概写，后者是细写。四个叠音词的使用，不仅写尽了美人之态，更给诗句平添了不少音律之美。由此，进一步提升了诗句的审美价值与艺术感染力。

有美一人，清扬婉兮。

【注释】出自先秦《诗经·郑风·野有蔓草》。清扬，形容眉清目秀的样子。婉，美好。兮，语气助词，相当于“啊”、“呀”。

【译文/点评】有一位姑娘真美好，眉清目秀惹人爱。这是两千多年前对于美人的赞美语，至今我们衡量一个女人是否漂亮，眉清目秀仍是其中的一个重要标准。

玉容寂寞泪阑干，梨花一枝春带雨。

【注释】出自唐·白居易《长恨歌》。泪阑干，指泪流满面的样子。

【译文/点评】此写杨贵妃死后唐玄宗梦境中的杨贵妃形象。前句写其伤心欲绝、泪流纵横的样子，表现了其对唐玄宗的深切之情。后句写杨贵妃落泪时的美貌，独出心裁地将泪流满面的的杨贵妃与一枝带雨的梨花联系搭挂到一起，在比喻中让人展开联想，自行构拟出心目中美貌的杨贵妃形象。

远而望之，皎若太阳升朝霞；迫而察之，灼若芙蕖出渌波。

【注释】出自三国魏·曹植《洛神赋》。若，像。皎，此指明丽。迫，近。灼，指明艳。芙蕖，即荷花。渌波，即绿波。

【译文/点评】远远望去，她明丽得像是初升旭日所放射出的彩霞；接近观察，她明艳得如从绿波中浮出的荷花。此乃以比喻修辞法写洛水女神的绝世之美。让人思而味之，遐想无穷。

月出皎兮，佼人僚兮。

【注释】出自先秦《诗经·陈风·月出》。皎，月光明亮。佼，同“姣”，美好。佼人，即美人。僚，同“嫽”，娇美。兮，语气助词，相当于“啊”、“呀”。

【译文/点评】月出皎皎，美人嫽嫽。此乃写男子望月怀思美人之句，以明月之皎皎对美人之嫽嫽，交相映照，以凸显所思美人的光彩照人。让人仿佛看到了远古时代一位多情种子举头望明月、低头思美人的生动画面。

云髻半偏新睡觉，花冠不整下堂来。

【注释】出自唐·白居易《长恨歌》。云髻（jì），梳成云状的发髻。觉，睡醒。

【译文/点评】此写杨贵妃睡醒后不事修饰而光艳动人的娇态。

云想衣裳花想容，春风拂槛露华浓。

【注释】出自唐·李白《清平乐词三首》之一。花，此指牡丹花。槛（kǎn），门槛、门限，此指亭台栏杆。

【译文/点评】前句写杨贵妃的美貌，但不直笔而叙，而是通过拟人修辞法将云、花人格化，说天上彩云见了杨的衣服有羡慕之情，花儿见了杨的容貌都生向往之意，从而曲尽其妙地写出了杨贵妃的霓裳羽衣之美与花容月貌的动人情状。后句是用双关修辞法，明里写牡丹花开得鲜艳是承雨露之润，实际是说杨贵妃如此明艳照人，乃是唐玄宗天恩眷顾之故。于赞美牡丹花与杨贵妃之美的同时，也不露痕迹地奉承了唐玄宗。二句表意都显得含蓄蕴藉，真正达到了“不著一字，尽得风流”的化境。此二句究其实质，虽是拍马屁之作，但因为它借物写人，技高一筹，故千古以降的文人学士不得不感佩万分，视为佳句。

怎当他临去秋波那一转？

【注释】出自元·王实甫《西厢记》第一本第一折。秋波，比喻眼睛。

【译文/点评】此写张生对崔莺莺临别时回首一顾的感受，意在通过张生之眼突显崔莺莺回首一顾的迷人魅力。

增之一分则太长，减之一分则太短；著粉则太白，施朱则太赤。

【注释】出自先秦·宋玉《登徒子好色赋》。

【译文/点评】这是宋玉夸说其邻家之女美貌天下无比的话。其原文是："天下之佳人，莫若楚国；楚国之丽者，莫若臣里；臣里之美者，莫若东家之子。增之一分则太长，减之一分则太短；著粉则太白，施朱则太赤。眉如翠羽，肌如白雪，腰如束素，齿如含贝，嫣然一笑，惑阳城，迷下蔡。"意谓邻家女之美美得不可作任何一点改变，即国色天姿，天造地设。

照花前后镜，花面交相映。

【注释】出自唐·温庭筠《菩萨蛮》词。

【译文/点评】此写女子梳妆打扮的情景及其人面如花的美貌。

只愁歌舞散，化作彩云飞。

【注释】出自唐·李白《宫中行乐词八首》其一。

【译文/点评】此写宫女舞姿之美。但诗人不直写舞姿本身，而是以夸张修辞法说出了舞蹈结束后的忧虑：只怕舞女"化作彩云飞"，给人留下了无尽的想象空间，让之思之味之，遐思无穷。

指如削葱根，口如含朱丹。纤纤作细步，精妙世无双。

【注释】出自汉·无名氏《孔雀东南飞》。如，像。削葱根，比喻手指纤细白皙。朱丹，红色的宝石。含朱丹，形容嘴唇的红艳。纤，小、细。

【译文/点评】手指像削皮的葱根那样白，嘴唇就像含了朱丹那样红。步履细小，姿态优雅。此写焦仲卿妻子手指、嘴唇与行步之美。从这段描写，我们可以清楚地看出，中国人的审美观自古至今，都是具有连续性的。对于女子的手指多以纤细白皙为美，嘴唇则以红艳为美，民间有句形容女子嘴唇好看的话叫作“樱桃小嘴一点红”，说的正是对女子之嘴的审美追求。至于女子步态，则多认为细步慢行最为优雅。中国古代之所以有女子缠足的风气，一方面固然与男子的恋足癖有关，同时也与女子缠足后行走不便、不稳，细步慢行而自然呈现出来的优雅之态有关。现代日本女人穿和服与木屐小步慢行之态，正是中国古代风尚的遗留。其实，对于女子来说，穿裙装或古典服装，迈细步悠悠而行，远比穿着牛仔裤阔步而行要优雅得多。

状似明月泛云河，体如轻风动流波。

【注释】出自南朝宋·刘铄《白纻曲》。

【译文/点评】此以比喻修辞法写舞女舞姿轻盈袅娜的形象。

足下蹑丝履，头上玳瑁光，腰若流纨素，耳著明月珰。

【注释】出自汉·无名氏《孔雀东南飞》。足下，脚下。蹑，踩、穿着。丝履，丝质的鞋子。玳瑁（dài mào，旧读 dài mèi），一种爬行动物，类于海龟，甲壳黄褐色，有黑斑，很光滑，古代常做装饰品。若，像。纨素，都是质地柔软的丝织品。流纨素，指腰像纨素一样轻盈流转。著，戴。明月，指明月珠。珰（dāng），耳坠。

【译文/点评】丝鞋轻盈着玉足，玳瑁插发闪亮光，纤纤细腰如流纨，耳环就像明月悬。此乃写女主人公刘兰芝的装束及美姿，于此颇能窥见汉代女子的审美观与装束的时尚风情。